Dr. LEE의
논리적 말하기
: 발표와 토론

Agreement   Speaker   Debate   Audience   Presentation

이상혁 지음

Dr. LEE의
논리적 말하기
LOGICAL SPEAKING
― 발표와 토론 ―

연암사

사랑하는 딸 지수와 아내 혜원에게
이 책을 바칩니다.

Dedicated to
My Lovely Daughter Jisoo & Wife Hewon

안타깝게도
대부분의 한국 사람들은
논리적 말하기에 대해
제대로 배울 기회를
갖지 못했다.

한국 사람들은 왜
논리적 말하기를 잘 못할까?

우리는 일상에서 논리적으로 말을 해야 하는 상황과 늘 마주한다. 처음 만난 사람에게 자신이 누구인지를 설명하고 호감을 얻어내기 위한 자기소개, 희망하는 명문 대학에 입학하기 위해 몇 년 동안 준비한 면접시험, 보다 좋은 학점을 받기 위해 밤새워서 준비한 수업 발표, 오랫동안 꿈꿔온 좋은 직장에 취직하기 위한 입사 인터뷰, 직장 상사의 결재를 받기 위해 정성스럽게 준비한 프로젝트 관련 대면 보고, 고액의 판매 계약을 체결하기 위해 준비한 고객사 프레젠테이션, 신규 기업의 성패를 가를 창업 투자를 유치하기 위한 엘리베이터 피치, 여름 휴가지를 결정하기 위한 주말 가족회의, 망설이고 있는 연인과 결혼하기 위한 청혼, 다양한 사회적 갈등에 대한 해결책을 모색하는 토론, 보다 유리한 연봉 계약을 위한 인사담당자와의 미팅, 상호이익에 기여하는 최선의 합의안을 만들기 위한 협상 등등.

그런데 안타깝게도 누군가를 설득해야 하는 '논리적 말하기'를 시도할 때마다 우리는 왜 항상 불편한 마음이 들까? 특히 한국 사람들은 왜 논리적 말하기를 잘 못할까? 그 이유는 다음과 같다. 첫째, 한국 사회의 독특한 서열문화 때문이다. 상당 부분 개선되기는 했지만, 한국 사회에는 여전히 나이, 성별, 학력, 직업, 지위 등 다양한 요소들을 근거로 사람들 간에 서열이 형성되는 문화가 강하게 남아 있다. 이러한 서열문화는 사람들로 하여금 자신의 입장이나 의견을 상대방에게 분명하게 제시하기 전에 먼저 자신의 사회적 위치와 상대방의 사회적 위치를 지나치게 고려하게 만드는 일종의 '사회적 자기검열'로 작동한다. 그 결과 사회적 위치가 높은 상대방과 의견이 다른 경우 그 사람의 기분을 상하지 않게 하기 위해, 자신의 의견을 논리적으로 명확하게 말하는 것을 주저하거나 회피하는 경향이 있다.

  둘째, 영어와는 다른 한국어의 독특한 문장 구조 때문이다. 영어 문장의 경우 원칙적으로 결론이 담긴 동사가 주어 바로 다음에 나오고 그 후에 추가적인 설명이 뒤따른다. 이에 반해, 한국어 문장의 경우 주어가 먼저 나오고 나머지 모든 설명이 제시된 후 제일 마지막에 결론이 담긴 동사가 온다. 따라서 영어를 모국어로 사용하는 사람들은 결론이 먼저 나오고 설명이 뒤따른 것을, 그리고 한국어를 모국어로 사용하는 사람들은 설명이 먼저 나오고 결론이 제일 마지막에 나오는 것을 각각 조금 더 편안하고 자연스럽게 받아들인다. 따라서 소위 '직선적 사고패턴'을 가지고 있는 영어를 모국어로 사용하는 사람들과 달리, '결론을 먼저 그리고 직접적으로 말하기' 혹은 '자신의 의견을 분명하게 제시하기'에 익숙하지 않은 대부분의 한국 사람들에게 논리적 말하기는 여전히 낯설고 불편하게만 느껴진다.

셋째, 시대에 뒤떨어진 잘못된 한국의 교육제도 때문이다. 일반적으로 개인의 능력은 전문지식, 경험 등 그 사람이 축적한 '콘텐츠'와 그러한 콘텐츠를 다른 사람들과 공유할 수 있는 '의사소통능력'을 곱한 것으로 평가된다. 따라서 개인의 능력 향상을 목표로 하는 학교교육은 '콘텐츠'와 '의사소통능력'을 동시에 향상시킬 수 있도록 설계되어야 한다. 이러한 측면에서, 특정 분야의 전문지식을 보다 많이 전달하기 위해 'What?'을 중심으로 지금껏 진행해온 학교 교육과 암기 위주의 평가는 나름 그 의미가 있다. 그러나 오로지 '콘텐츠'의 전달과 맹목적 암기에만 지나치게 치우쳐 'Why?', 'How?', 'What If?'를 중심으로 한 논리적 의사소통에 대한 교육을 소홀하게 해왔다는 문제점을 부정할 수 없다. 결국, 안타깝게도 대부분의 한국 사람들은 논리적 말하기에 대해 제대로 배울 기회를 갖지 못한 것이다.

따라서 누구나 쉽게 이해하고 실천할 수 있는 '논리적 말하기'의 체계적인 방법론을 일반 대중의 눈높이에 맞추어 '보다 쉽게' 그러나 '정확하게' 설명하고자 이 책을 집필하게 되었다. 결론적으로, 논리적 말하기란 논쟁의 대상인 '이슈'에 대한 자신의 비판적 의견 즉, '논지'를 '논리'라는 틀에 올바르게 집어넣어 '말'이라는 형식으로 표현함으로써, 청중으로 하여금 자신의 논지에 '동의'하도록 만드는 것이다. 제1장과 제2장은 각각 "논리적 말하기의 기초"와 "논리적 말하기의 기술"을 설명한다. 이에 더해, 제3장과 제4장은 각각 "동물권 인정"과 "자유무역 확대"라는 논지를 전달하는 논리적 말하기의 대표적인 유형인 발표의 사례를 분석한다. 마지막으로, 제5장은 "원자력 확대 혹은 축소"라는 주제를 활용하여 논리적 말하기의 대표적인 응용 형태인 토론의 사례를 분석한다.

이 책은 그 자체로 '논리적 말하기'라는 중요한 주제에 대한 하나의 완전하고도 독립된 작품이다. 동시에 이 책은 필자가 도서출판 연암사와 함께 진행 중인 〈연암사 논리와 논증 시리즈〉의 한 부분이기도 하다. 따라서 이미 출간된 『Dr. LEE의 논리적 글쓰기』와 『Dr. LEE의 오류와 편향을 넘어선 논증』이라는 2권의 책을 함께 읽어보는 것이 바람직하다. 오늘날 세계적 표준으로 받아들여지는 설득 특히, '논리적 말하기'와 '논리적 글쓰기'는 서구 사회에서 오랜 세월을 거쳐 형성된 형식을 따른다. 즉, 사용하는 언어에 관계없이 논리적 말하기와 논리적 글쓰기의 형식은 원칙적으로 동일하다. 따라서 보다 깊이 있는 공부를 원하는 독자들에게는 필자의 이전 졸저인 『Dr. LEE의 똑똑영어』, 『내 인생의 마지막 영어 문법』, 『영어 프레젠테이션 절대 공식』 등에 대한 일독을 또한 추천한다.

이제 막 논리적 말하기의 세계로 첫발을 내딛는 독자 여러분 모두를 진심으로 환영한다. 이 책은 '자유의 확산'이라는 목표를 위해 필자가 설립한 '연구공간 자유'의 7번째 연구결과물이다. 과연 '자유'와 '논리적 말하기'가 무슨 관련이 있는 것일까? 지난 수천 년 동안 서양 사회에서는 이상적 인간을 양성하기 위한 7가지 기본과목 즉, '인간을 모든 속박과 억압으로부터 자유롭게 해주는 7가지 기술'을 가르쳤다. 그 중 가장 기초가 되는 3가지 과목*Trivium*이 문법 Grammar, 논리Logic, 수사학Rhetoric이다. 이 책의 이론적 토대가 바로 이들 3가지 과목이다. 장차 이 책을 통해 얻게 될 훌륭한 논리적 말하기 능력을 기반으로, 독자 여러분 한 사람 한 사람이 '보다 나은 세상'을 만드는데 조금이라도 기여하는 21세기의 진정한 자유인이 될 수 있기를 진심으로 기원한다.

2023년 11월 연구공간 자유에서

(www.TheInstituteForLiberty.com)

이 상 혁

T A B L E   O F   C O N T E N T S

제1장
논리적 말하기의 기초

1.1. 논리적 말하기의
개념과 유형

　논리적 말하기란 논쟁의 대상인 '이슈'에 대한 자신의 비판적 의견 즉, '논지'를 '논리'라는 틀에 올바르게 집어넣어 '말'이라는 형식으로 표현함으로써, 청중으로 하여금 자신의 논지에 '동의'하도록 만드는 것이다. 첫째, 논리적 말하기의 현상은 '말하기'이다. 자신의 생각을 글이 아닌 말 즉, 구어로 전달하는 의사소통 행위이다. 둘째, 논리적 말하기의 내용은 '논지'이다. 논지란 논쟁의 대상 즉, 이슈에 대한 자신의 비판적 의견으로서, 논리적 말하기 전체를 통해 전달하려는 오직 하나의 생각이다. 비판적 의견이기에 반드시 그 이유인 (최소한 2개의) '소주제'와 각각의 소주제를 뒷받침하는 충분한 '근거'도 함께 제시된다. 셋째, 논리적 말하기의 본질은 '논리'이다. 즉, 논지, 소주제, 근거를 논리라는 의사소통의 틀에 올바르게 집어

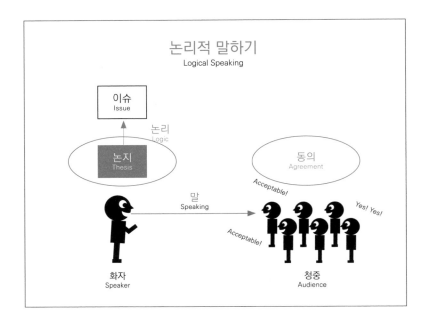

넣어 청중의 동의를 얻어내는 것이다.

논리적 말하기의 대표적인 유형은 프레젠테이션 즉, 발표이다. 한국어 '발표'의 사전적 의미는 "어떤 사실이나 결과, 작품 따위를 세상에 널리 드러내는 알림"이다.[1] 한편, 영어 'Presentation'의 사전적 의미는 "무엇에 관한 정보를 제공하는 말하기" 또는 "청중에게 새로운 상품, 생각 혹은 하나의 작품을 보여 주거나 설명하는 연설 혹은 말하기"이다. 좀더 일반화해서 정확하게 설명하자면, 프레젠테이션 즉, 발표란 형식적 측면에서는 (단어, 구, 문장, 문단의 차원을 넘어) 하나의 단락 차원에서 이루어지는 말하기 형식의 의사소통이고, 실

---

1. 국립국어원 표준국어대사전.

발표
Presentation

화자
Speaker

청중
Audience

"a talk giving information about something" (Cambridge Dictionary)

"a speech or talk in which a new product, idea, or piece of work
is shown and explained to an audience"　(Google Dictionary)

체적 측면에서는 (최소한 2개의 '소주제' 및 각각의 소주제를 뒷받침하는 충분한 '근거'와 함께) 자신의 주관적 의견인 '논지'를 청중에게 전달하는 것이다.[2] 결론적으로, 프레젠테이션 즉, 발표의 본질이 바로 논리적 말하기이다.

　다음으로, 논리적 말하기의 대표적인 응용 형태는 토론이다. 한국어 '토론'의 사전적 의미는 "어떤 문제에 대하여 여러 사람이 각각 의견을 말하며 논의함"이다.[3] 한편, 영어 'Debate'의 사전적 의미는 "어떤 주제에 대해 많은 사람들이 참여하는 진지한 토론" 또는 "종종

---

2. 이상혁, 『영어 프레젠테이션 절대 공식』(길벗이지톡, 2023), pp. 8-9. 영어 프레젠테이션의 경우 그 목적 혹은 실체적 내용을 기준으로 자기소개 프레젠테이션, 설득 프레젠테이션, 설명 프레젠테이션, 동기 부여 프레젠테이션, 의견 제시 프레젠테이션이라는 5가지 유형으로 구분할 수 있다.

3. 국립국어원 표준국어대사전.

학생으로 구성된 팀 단위로 참여해서 어떤 주제에 대해 토론하는 경연으로, 가장 좋은 주장을 한 것으로 평가된 팀이 우승하는 대회"이다. 좀더 일반화해서 정확하게 설명하자면, 토론이란 각 개인 혹은 각 팀의 주장을 평가하는 별도의 심판 혹은 심판의 역할을 담당하는 청중 앞에서 사회자의 진행 하에 좀더 공식적이고 체계화된 절차에 따라서 논란이 있는 어떤 주제에 대해 논의하는 것이다. 특히, 토론의 과정에서 각 개인 혹은 각 팀의 주장을 발표하거나 제시하는 것이 바로 논리적 말하기이다.

논리적 말하기의 기초와 기술에 대한 정확한 이해를 기반으로, 제3장에서는 "동물권의 개념"이라는 구체적인 사례를 활용하여 논리적 말하기의 대표적 유형인 프레젠테이션 즉, 발표에 대해 보다 자세하게 설명하겠다. 특히, (1) 이해하기, (2) 브레인스토밍하기, (3) 개요짜기, (4) 질문과 답변 준비하기, (5) 말하기라는 단계별로 구체적으로 무엇을 준비하고 어떻게 논리적 말하기를 수행하는지 상세하게 설명하겠다. 제4장에서는 "자유무역의 확대"라는 또 다른 구체적인 사례를 활용하여 발표 형식의 논리적 말하기를 한번 더 설명하겠다. 제5장에서는 "원자력 확대 혹은 축소"라는 사례를 활용하여 (1) 토론 준비, (2) 주제, 참가자, 절차 등 소개, (3) 각자의 주장 발표, (4) 질문과 답변, (5) 결론 도출 및 평가의 단계를 거쳐 논리적 말하기의 대표적 응용 형태인 토론을 설명하겠다.

논리적 말하기란 논쟁의 대상인
'이슈'에 대한 자신의 비판적 의견 즉,
'논지'를 '논리'라는 틀에 올바르게 집어넣어
'말'이라는 형식으로 표현함으로써,
청중으로 하여금 자신의 논지에 '동의'하도록 만드는 것이다.

1.2. 논리적 말하기의 5단계

논리적 말하기를 올바르게 수행하기 위해서는 반드시 (1) 이해하기, (2) 브레인스토밍하기, (3) 개요짜기, (4) 질문과 답변 준비하기, (5) 말하기라는 5단계를 거쳐야 한다. 특히, (1) ~ (4) 단계는 추상적 '생각'으로 그리고 (5) 단계는 구체적 '표현'으로 각각 구분해서 작업

논리적 말하기의 5단계
5 Steps of Logical Speaking

추상적 '생각'	1	이해하기 Understanding
	2	브레인스토밍하기 Brainstorming
	3	개요짜기 Outlining
	4	질문과 답변 준비하기 Preparing for Q&A
구체적 '표현'	5	말하기 Speaking

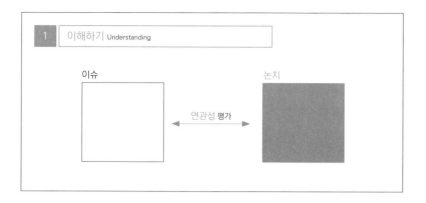

해야 한다는 점에 주의해야 한다.[4] 우선, 논리적 말하기의 첫 번째 단계는 '이해하기'이다. '이슈'를 파악하고, 이슈에 대한 자신의 주관적 의견인 '논지'를 결정하며, 이슈와 논지 간에 '연관성 평가'를 진행하는 것이 이해하기 단계의 핵심이다. 이슈란 논쟁의 대상 혹은 논란이 있는 주제이다. 논지란 논쟁의 대상 즉, 이슈에 대한 자신의 비판적 의견으로서, 논리적 말하기 전체를 통해 전달하려는 오직 하나의 생각이다. 연관성 평가란 논지가 이슈에 대해 직접적으로 연관되어 있는지 혹은 직접적인 답변이 되는지 여부를 검증하는 것이다.

논리적 말하기의 두 번째 단계는 '브레인스토밍하기'이다. 영어 'Brainstorm'의 사전적 의미는 "보다 신중한 고려에 앞서 많은 생각을 매우 빨리 제안하는 것"이다.[5] 결국, 논지를 뒷받침하는 최소한 2가지 '소주제'와 각각의 소주제를 뒷받침하는 충분한 '근거'를 생각

---

4. 이상혁, 『Dr. LEE의 논리적 글쓰기』 (연암사, 2023), pp. 25-29.

5. Cambridge Dictionary.

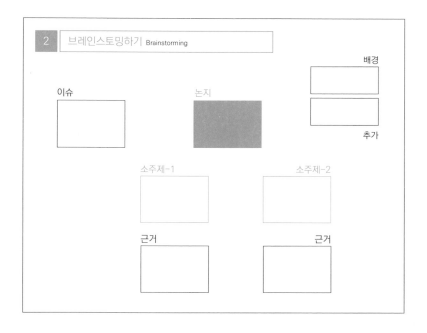

 내부의 텍스트:

2　브레인스토밍하기 Brainstorming

이슈

논지

배경

추가

소주제-1

소주제-2

근거

근거

하고, 이에 더해 적절한 '배경'과 '추가'를 준비하는 것이 브레인스토밍하기 단계의 핵심이다. 소주제란 논지에 대한 '이유가 되는 주장'으로서, 본론의 각 문단이 담고 있는 오직 하나의 생각이다. 근거란 객관적 '사실'에 기반하며, 주관적 '의견'인 소주제를 뒷받침하는 것이다. 배경이란 서론의 구성 요소 중 하나로서, 논쟁의 대상인 이슈를 드러내고 청중의 관심을 불러일으키는 내용이다. 추가란 결론의 구성 요소 중 하나로서, 자신의 주장을 부정하지 않는 범위 내에서 자연스럽게 마무리하도록 도와주는 내용이다.

　　논리적 말하기의 세 번째 단계는 '개요짜기'이다. '연관성 평가', '논증성 평가', '균형성 평가'라는 3가지 도구를 활용하여, 논지와 소

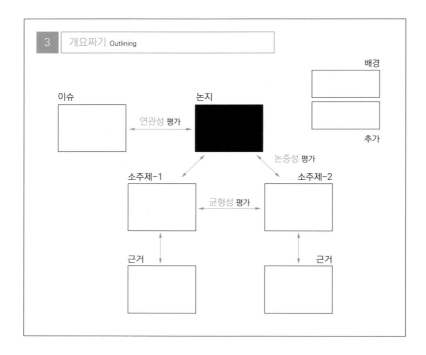

주제와 근거 간의 논리적 흐름[6]을 꼼꼼하게 최종적으로 검증하는 것이 개요짜기 단계의 핵심이다. 우선, 이해하기 단계에 이어 다시 한 번 더 진행되는 연관성 평가는 논지가 이슈에 대해 직접적으로 연관되어 있는지 혹은 직접적인 답변이 되는지 여부를 검증하는 것이다. 이에 더해, 논증성 평가란 논지, 소주제, 근거 간에 '왜?'와 '왜냐하면'이라는 논증관계가 성립하는지 여부를 검증하는 것이다. 특히, 논

---

6. '논리적 흐름'은 영어 'Logical Flow'를 번역한 표현이다. 영어 'Flow'라는 단어는 '흐름' 이외에 '몰입'이라는 심리학적 용어로도 번역된다. 실제 논리적 흐름이 매우 강한 말과 글의 경우 청중과 독자가 일종의 몰입 상태에 빠져 화자와 저자의 주장에 자연스럽게 동의하게 되는 현상이 벌어진다. 논리적 흐름이 강하면 강할수록 논지에 대한 청중의 동의가능성는 더욱 커지고 더욱 좋은 논리적 말하기가 완성된다. 논지를 논리라는 틀에 올바르게 담는 논리적 말하기의 핵심은 결국 말 전체의 '논리적 흐름'을 명확하게 만드는 것이다. 이상혁, *supra* note 4, pp. 117-122.

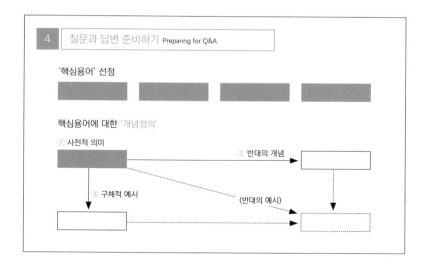

리적 오류와 인지적 편향에 빠져 논증관계가 무너지지 않도록 각별하게 주의해야 한다. 마지막으로, 균형성 평가란 2가지 소주제가 본질적으로 그리고 형식적으로 서로 간에 대등하고 균형적인지 여부를 검증하는 것이다.

논리적 말하기의 네 번째 단계는 '질문과 답변 준비하기'이다. '자신이 잘 답변할 수 있는 내용'을 청중이 질문할 수밖에 없도록 적극적으로 유도하고, 그 질문에 대한 충분한 답변을 사전에 미리 잘 준비하는 것이 질문과 답변 준비하기의 핵심이다. 논리적 글쓰기의 경우와는 다르게, 논리적 말하기에서는 청중과의 직접 대면이라는 특징 때문에 청중이 화자에게 추가적으로 질문을 던질 가능성이 매우 크다. 따라서 아무리 시간이 부족하더라도 최소한 '핵심용어'를 활용한 질문과 답변은 반드시 준비해야 한다. 논리적 말하기를 통해

자신이 전달하고자 하는 논지, 소주제, 근거를 표현할 수 있는 핵심
용어를 4개 내외로 선정하고, ① 사전적 의미, ② 반대의 개념, ③
구체적 예시 등을 중심으로 각각의 핵심용어에 대한 간략한 개념정
의[7]를 반드시 준비한다.

논리적 말하기의 다섯 번째 단계는 '말하기'이다. 이해하기, 브
레인스토밍하기, 개요짜기의 단계를 거쳐 최종적으로 완성된 논지,
소주제, 근거, 배경, 추가 등의 추상적 '생각'을 문장이라는 구체적
'표현'으로 변경하여 말로 전달하는 것이 5단계의 핵심이다. 다만,
논리적으로 서론, 본론-1, 본론-2, 결론이라는 형식적 구조를 반드
시 갖추어야 한다. 우선, 서론은 배경진술, 소주제, 논지진술로 구성
된다. 다음으로, 본론-1과 본론-2는 각각 소주제문, 근거문장으로
구성된다. 결론은 소주제요약, 결론진술, 추가진술로 구성된다. 특

---

7. 이상혁, *supra* note 4, pp. 219-224.

히, 본론-1, 본론-2, 결론은 각각 논리적 흐름을 분명하게 보여 주는 '연결어'로 시작한다.[8] 연결어란 '첫째, 둘째, 우선, 이에 더해, 끝으로, 예를 들어, 결론적으로' 등과 같이 논리 전개의 방향 혹은 논리적 흐름을 분명하게 보여주는 말이다.

---

8. 만약 말하기의 전개가 너무나도 논리적이라면, 오히려 연결어를 생략하는 것이 더 좋다. 다만, 논리적 말하기가 아직 완벽하지 않은 상황에서는 반드시 연결어를 일일이 사용해서 논리적 흐름을 조금이라도 분명하게 드러내는 것이 훨씬 더 바람직하다. 이상혁, *supra* note 4, pp. 93-99.

논증성 평가란
논지, 소주제, 근거 간에
'왜?'와 '왜냐하면'이라는
논증관계가 성립하는지 여부를
철저하게 검증하는 것이다.

1.3. 논리적 말하기의
형식과 본질

    논리적 말하기는 현상적 측면에서 '말하기'이고, 내용적 측면에서 '논지'를 전달하는 것이며, 본질적 측면에서 '논리'라는 의사소통의 틀을 활용하는 것이다. 다시 말해, 논리적 말하기란 논쟁의 대상인 '이슈'에 대한 자신의 비판적 의견 즉, '논지'를 '논리'라는 틀에 올바르게 집어넣어 '말'이라는 형식으로 표현함으로써, 청중으로 하여금 자신의 논지에 '동의'하도록 만드는 것이다. 다음 페이지에서는 말하기라는 '현상'과 논지의 전달이라는 '내용'이 합쳐져서 만들어지는 논리적 말하기의 '형식'과 논리라는 의사소통의 틀을 활용하는 논리적 말하기의 '본질'에 대해 보다 자세하게 설명하겠다. 이에 더해, 논리적 말하기를 위한 5가지 추가적 평가와 즉흥연설 혹은 간단한 질문에 답변할 때 활용할 수 있는 소위 'PREP 구조'에 대해서도 설명하겠다.

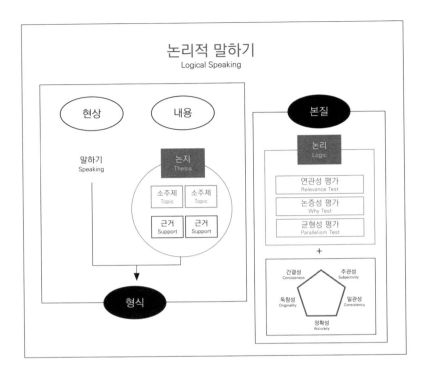

우선, 논리적 말하기의 '형식'은 서론, 본론-1, 본론-2, 결론이라는 4개의 문단으로 구성된 1개의 완전한 단락이다. 즉, 자신의 주관적 의견인 '논지'에 대한 이유가 되는 주장인 '소주제'를 2가지만 준비하고 각각의 소주제와 그것을 뒷받침할 수 있는 충분한 근거로 본론-1과 본론2를 구성한다. 이에 더해, 서론과 본론을 각각 구성한다. 만약 준비할 시간이 충분히 넉넉하고 이미 상당한 실력을 갖춘 경우라면, 당연히 논리적 글쓰기의 형식[9]과 마찬가지로 소주제

---

9. 이상혁, *supra* note 4, pp. 87-113.

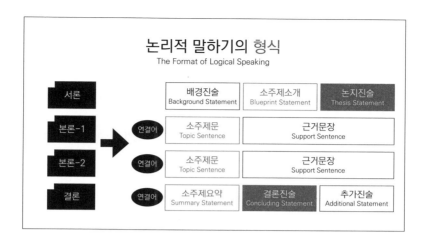

논리적 말하기의 형식
The Format of Logical Speaking

서론	배경진술 Background Statement	소주제소개 Blueprint Statement	논지진술 Thesis Statement
본론-1	연결어	소주제문 Topic Sentence	근거문장 Support Sentence
본론-2	연결어	소주제문 Topic Sentence	근거문장 Support Sentence
결론	연결어	소주제요약 Summary Statement	결론진술 Concluding Statement / 추가진술 Additional Statement

를 3가지 준비하고 본론-3까지 구성해 보는 것이 훨씬 더 바람직하다. 다만, '말하기'라는 특징을 고려해 볼 때, '서론, 본론-1, 본론-2, 결론'의 형식으로도 충분하다. 결국, 언어능력의 발전단계[10]라는 측면에서, 논리적 말하기는 단어, 구, 문장, 문단을 넘어 하나의 단락 차원에서 이루어지는 의사소통이다.

첫째, 논리적 말하기의 서론의 3요소는 배경진술, 소주제소개, 논지진술이다. 먼저, 배경진술을 통해 논쟁의 대상인 이슈를 드러내고 독자의 관심을 불러일으켜야 한다. 어떤 유형과 방법을 사용하든 상관없이, 본질적으로 '논쟁'을 더 잘 드러낼수록 그리고 '이슈'에 대한 청중의 관심을 더 크게 불러일으킬수록, 더 좋은 배경진술이 된다. 다음으로, 소주제소개를 통해 자신이 제시한 논지에 대한 2가지

---

10. 이상혁, 『Dr. LEE의 똑똑영어: 똑바로 이해하고 똑바로 실천하는 영어 공부』(연암사, 2021), pp. 63-89.

이유 즉, 소주제를 밝히고 향후 본론에서의 논리 전개 방향을 미리 소개해야 한다. 소주제소개가 서론 즉, 'Introduction'이라는 영어 단어의 본래 의미이자 그 본질이다. 끝으로, 논지진술을 통해 논란의 대상인 이슈에 대한 자신의 비판적 의견 즉, 논지를 분명하게 제시해야 한다. 결국, 논지진술이 바로 서론의 핵심이자 논리적 말하기의 본질이다.

둘째, 논리적 말하기의 본론의 2요소는 소주제문과 근거문장 이다. 따라서 본론-1과 본론-2는 각각 논지에 대한 이유가 되는 주장 즉, 소주제를 담은 소주제문으로 시작해야 한다. 물론, 각각의 소주제문은 '첫째, 우선, 무엇보다 먼저' 혹은 '둘째, 다음으로, 이에 더해' 등과 같이 논리적 흐름을 보여주는 소위 '연결어'로 시작하는 것이 바람직하다. 본론의 본질적 목적이 말하기 전체를 통해 제시되는 자신의 주장인 논지에 대한 이유 즉, 각각의 소주제를 설명하는 것이라는 점을 반드시 기억해야 한다. 다음으로, 각각의 소주제문은 객관적 사실에 기반한 다양한 근거를 담은 여러 개의 근거문장에 의해 충분히 뒷받침되어야 한다. 예시, 통계자료, 전문가 의견, 사례연구, 일화, 시각자료, 가상사례, 실험결과, 문헌자료 등 다양한 근거문장의 제시 방법이 있다.

셋째, 논리적 말하기의 결론의 3요소는 소주제요약, 결론진술, 추가진술이다. 먼저, 소주제요약을 통해 자신이 제시했던 논지에 대한 2가지 이유 즉, 소주제를 요약해야 한다. 비록 결론의 소주제요약과 서론의 소주제소개는 본질적으로 동일한 내용이지만, 각각의 구

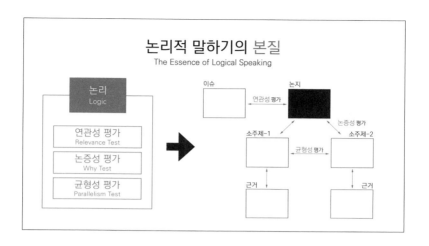

체적 표현에 있어서는 다소 변화를 주는 것이 좋다. 이에 더해, 결론 진술을 통해 논쟁의 대상인 이슈에 대한 자신의 논지를 다시 한번 밝혀야 한다. 결론의 결론진술과 서론의 논지진술 또한 본질적으로 동일한 내용이지만, 그 구체적 표현에는 다소 변화를 주는 것이 바람직하다. 마지막으로, 추가진술을 통해 논리적 말하기를 자연스럽게 마무리해야 한다. 앞서 제시했던 자신의 주장을 부정하지 않는 범위 내에서 자연스러운 마무리에 도움이 되는 어떤 내용도 추가진술이 될 수 있다.

한편, 논리적 말하기의 '본질'은 자신의 논지를 '논리'라는 틀에 올바르게 집어 넣는 작업이다. 논쟁의 대상 즉, 이슈에 대한 자신의 비판적 의견인 논지가 논리라는 틀에 올바르게 담기면 말하기 전체에 걸쳐 논리적 흐름이 명확하게 생기게 된다. 이러한 논리적 흐름이 강하면 강할수록 자신의 논지에 대한 청중의 동의가능성 혹은 수용

가능성이 더 커지게 되고 더욱 좋은 논리적 말하기가 완성된다. 이때 논리적 흐름을 만드는 '도구'가 바로 논리적 말하기의 세 번째 단계 '개요짜기'에서 수행하는 3가지 평가 즉, 연관성 평가, 논증성 평가 그리고 균형성 평가이다. 결국, 논리적 말하기의 본질은 자신이 준비한 논지, 소주제, 근거를 이들 3가지 평가라는 도구를 활용하여 논리라는 틀에 올바르게 집어 넣어 보다 강한 논리적 흐름을 명확하게 만드는 것이다.

첫째, 연관성 평가는 자신의 논지가 제시된 이슈에 대해 얼마나 직접적으로 연관되어 있는지 혹은 제시된 지시사항에 대해 얼마나 직접적인 답변이 되는지 여부를 철저하게 검증하는 것이다. 다시 말해, 이슈의 핵심을 파악하고, 이슈에 대한 자신의 비판적 의견인 논지를 결정하며, 이슈와 논지 간의 직접적 연관성을 검증하는 것이 연관성 평가이다. 만약 연관성 평가에 문제가 생기면, 'Off-Topic' 즉, 주제와 상관없는 엉뚱한 말하기를 하게 된다. 비유하자면, 연관성 평가에 실패한 말하기는 마치 방향을 잘못 잡고 100미터를 9.0초에 달리는 것과 같다. 비록 속도는 세계 신기록이 될 수 있을 정도로 빨랐지만, 결국 실격인 것이다. 논리적 말하기의 방향성을 잡아주는 연관성 평가는 '이해하기' 단계에서 한 차례, 그리고 '개요짜기'에서 한번 더 추가로 진행된다.

둘째, 논증성 평가는 논지, 소주제, 근거 간에 논증관계 즉, '왜?'와 '왜냐하면'이라는 관계가 성립하는지를 철저하게 검증하는 것이다. 다시 말해, 주관적 '의견'과 객관적 '사실'에 대한 비판적 접근을

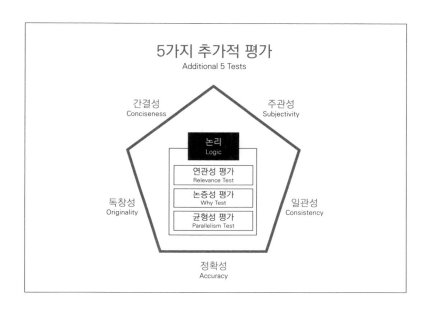

5가지 추가적 평가
Additional 5 Tests

간결성 Conciseness
주관성 Subjectivity
독창성 Originality
일관성 Consistency
정확성 Accuracy

논리 Logic
연관성 평가 Relevance Test
논증성 평가 Why Test
균형성 평가 Parallelism Test

통해 논지와 2가지 소주제 간의 논증관계와 각 소주제와 그것을 뒷받침하는 근거 간의 논증관계를 각각 검증하는 것이다. 비유하자면, 장차 '논리적 말하기'라는 튼튼한 '집'을 지탱할 '기둥'으로 사용될 '논지, 소주제, 근거'라는 목재를 꼼꼼하게 다듬는 과정이 논증성 평가이다. 논증성 평가에 실패하게 되면, 결국 논리적 말하기도 실패한다. 논증성 평가에 문제가 생기면 그저 '외침', '주장', '떼쓰기'만 있을 뿐, 결코 상대방의 생각과 행동을 변화시키는 '설득'은 불가능하다. 결론적으로, 논증성 평가를 잘하는 것이 논리적 사고력과 비판적 사고력이 뛰어난 것이다.

셋째, 균형성 평가는 각각 논증성 평가를 통과한 2가지 소주제가 본질적으로 그리고 형식적으로 서로 간에 대등하고 균형적인지 여부를 철저하게 검증하는 것이다. 이에 더해, 만약 가능하다면, 근거 제시 방법의 균형성 또한 추가적으로 고려해 보는 것이다. 논리적 말하기를 많이 수행해본 사람들 중 상당수는 연관성 평가와 논증성 평가에 비해 균형성 평가가 훨씬 더 어렵다고 종종 말한다. 이러한 어려움은 결국 추상적 '생각'과 구체적 '표현'을 보다 철저하게 구별하는 방법으로만 극복될 수 있다. 따라서, 앞서 "1.2. 논리적 말하기의 5단계" 부분에서 설명한 바와 같이, (1) 이해하기, (2) 브레인스토밍하기, (3) 개요짜기, (4) 질문과 답변 준비하기 단계의 경우 반드시 추상적 '생각'으로, 그리고 (5) 말하기 단계는 반드시 구체적 '표현'으로 각각 구분해서 작업해야 한다.

결론적으로, 논리적 말하기의 본질은 자신이 제시하고자 하는 주관적 '의견'을 뒷받침할 수 있는 객관적 '사실'을 꼼꼼하게 제시하는 것이다. 다시 말해, '논지'와 '소주제'와 '근거' 간의 관계를 논증성 평가를 통해 꼼꼼하게 검증할 수 있는 것이 논리적 말하기의 핵심이다. 이에 더해, 연관성 평가와 균형성 평가의 올바른 수행을 통해 보다 설득력 있는 논리적 말하기를 완성할 수 있다. 요약하자면, 논리적 말하기의 3단계 개요짜기에서 수행되는 3가지 평가 즉, 연관성 평가, 논증성 평가, 균형성 평가가 논리적 말하기의 본질이다. 물론, 주관성, 일관성, 정확성, 독창성, 간결성에 대한 추가적 검증을 통해 논리적 말하기의 능력을 한 차원 더 높이 향상시킬 수 있다. 다만, 지면의 한계상 상세한 설명은 생략하니, 이전에 출간된 필자의 졸고를

즉흥 연설을 위한 'PREP 구조'

The PREP framework for Impromptu Speeches

P	요점 Point		_____ 에 대한 저의 의견은 _____ 입니다.
R	이유 Reason	연결어	왜냐하면 _____ 때문입니다.
E	예시 Example	연결어	예를 들어, _____ .
P	요점 Point	연결어	결론적으로, 저는 _____ 라고 생각합니다.

참고하길 바란다.[11]

한편, 글쓰기와는 확연하게 구별되는 말하기만의 '즉흥성' 혹은 '현장성'이라는 특징 때문에, 지금까지 설명한 논리적 말하기의 형식과 본질을 현실적으로 제대로 활용할 수 없는 상황이 종종 발생한다. 이러한 경우에 활용할 수 있는 유용한 도구가 소위 'PREP 구조'이다.[12] 먼저, 'Point' 즉, 논리적 말하기를 통해 전달하고자 하는 자신의 논지를 제시한다. 다음으로, 'Reason' 즉, 논지를 뒷받침하는 소주제를 제시한다. 이에 더해, 'Example' 즉, 소주제를 뒷받침하는 근거의 한 유형인 예시를 제시한다. 끝으로, 'Point' 즉, 논지를 다시

---

11. 이상혁, *supra* note 4, pp. 149-178.

12. See Dale Carnegie, *The Quick and Easy Way to Effective Speaking* (1962); Herbert H. Bell, *Impromptu Speaking: A Survival Guide* (1982).

제시한다. 물론, '이슈와 Point' 간의 관계는 연관성 평가를 그리고 'Point, Reason, Example' 간의 관계는 논증성 평가를 각각 통과해야 한다. 결국, 'PREP 구조'는 논리적 말하기의 형식과 본질을 단순화한 것이다.

1.4. 오류와 편향 뛰어넘기

논리적 말하기란 논쟁의 대상인 '이슈'에 대한 자신의 비판적 의견 즉, '논지'를 '논리'라는 틀에 올바르게 집어넣어 '말'이라는 형식으로 표현함으로써, 청중으로 하여금 자신의 논지에 '동의'하도록 만드는 것이다. 다시 말해, 자신이 제시하고자 하는 주관적 '의견'을 뒷받침할 수 있는 객관적 '사실'을 꼼꼼하게 제시하는 것이 논리적 말하기이다. 특히, '논지'와 '소주제'와 '근거' 간의 관계를 논증성 평가를 통해 철저하게 검증하는 것이 그 핵심이다. 이에 더해, 연관성 평가와 균형성 평가의 올바른 수행을 통해 보다 설득력 있는 논리적 말하기를 완성해야 한다. 물론, 주관성, 일관성, 정확성, 독창성, 간결성에 대한 추가적 검증을 통해 논리적 말하기의 능력을 한 차원 더 향상시킬 수 있다. 그럼에도 불구하고, 논리적 말하기의 본질은 결국 '논증'을 통한 '설득'이다.

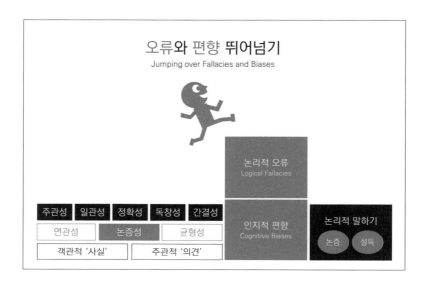

논증[13]이란 '논리적으로 증명하기', '이성을 사용하여 생각하기' 혹은 '왜냐하면 …… 이라는 이유 말하기'를 뜻한다.[14] 논리학에서는 논증의 유형을 일반적 규칙으로부터 구체적 결론에 도달하는 '연역적 논증', 구체적 관찰로부터 일반적 결론에 도달하는 '귀납적 논증', 불충분한 관찰로부터 그럴듯한 결론에 도달하는 '귀추적 논증'으로 분류한다. 다만, 연역적 논증의 결론은 항상 참인 것에 반해, 귀납적 논증과 귀추적 논증의 결론은 경우에 따라 참일 수도 있고 거짓일 수도 있다.[15] 만약 인간이 100% 합리적이고 이성적인 존재라

---

13. '논하다, 말하다'를 뜻하는 한자어 '論'과 '증거, 증명'을 뜻하는 한자어 '證'의 합성어인 한국어 '논증'의 사전적 의미는 "옳고 그름을 이유를 들어 밝힘 또는 그 근거나 이유"이다. 국립국어원 표준국어대사전.

14. 영어 'Reasoning'의 사전적 의미는 "the action of thinking about something in a logical way" (Underline Added) 즉, "무엇인가에 대해 논리적으로 생각하는 행동"(밑줄 추가)이다. Oxford Learner's Dictionary.

15. 이상혁, 『Dr. LEE의 오류와 편향을 넘어선 논증』 (연암사, 2021), pp. 29–42.

면, 논증에 실패하는 일은 결코 없을 것이다.[16] 그러나 현실 속 인간은 논리적 오류와 인지적 편향에 빠져서 때때로 논증에 실패한다. 따라서 논리적 말하기를 위해서는 반드시 오류와 편향을 뛰어넘을 수 있어야 한다.

먼저, 논리적 오류는 크게 형식적 오류와 비형식적 오류로 구분할 수 있는데, 특히 비형식적 오류의 주요 유형을 정확하게 이해하고 극복할 수 있어야 한다.[17] 다시 말해, 논증성 평가를 통해 자신이 준비한 '논지, 소주제, 근거' 간의 관계가 혹여 비형식적 오류에 빠진 것은 아닌지를 철저하게 검증한 후 논리적 말하기를 수행해야 한다. 예를 들어, "A는 검은 색이 아니다."라는 전제-2를 근거로 "따라서, A는 흰색이다."라는 결론에 도달한 것은 '이분법의 오류'이다. 물론 이 주장에는 "A는 검은색 혹은 흰색이다."라는 전제-1이 숨겨져 있다. 세상에는 수없이 다양한 색깔이 있는데, A가 오로지 검은색 혹은 흰색 둘 중 하나일 것이라는 이분법에 근거한 전제가 틀렸다는 것이다. 이러한 측면에서 이분법의 오류를 흔히 '흑백논리'라고 표현하기도 한다.[18]

---

16. 경제학의 아버지 애덤 스미스가 가정했던 언제나 이성적이고 합리적인 '호모 이코노미쿠스' 혹은 '경제적 인간'과 달리, 현실 속 인간은 때로는 이성적이고 합리적이지만 때로는 전혀 비이성적이고 비합리적인 '호모 사피엔스'에 불과하다.

17. 논리적 오류는 형식의 흠결로 인해 발생하는 '형식적 오류'와 내용의 흠결로 인해 발생하는 '비형식적 오류'로 구분된다. 예를 들어, 전제-1 "만약 A가 참이면, B는 참이다."와 전제-2 "B는 참이다."를 근거로 "따라서, A는 참이다."라는 결론에 도달한다면 이것은 형식적 오류이다. 이러한 오류를 개선하면, 동일한 전제-1과 수정된 전제-2 "A는 참이다."를 근거로 "따라서, B는 참이다."라는 올바른 결론에 도달할 수 있다. 일반적으로 형식적 오류보다 비형식적 오류가 더 빈번하게 벌어진다. 이상혁, *supra* note 15, pp. 44-45.

18. 이상혁, *supra* note 15, pp. 54-55.

비형식적 오류의 주요 유형
Primary Types of Informal Fallacy

이분법의 오류 Dichotomy	성급한 일반화의 오류 Hasty Generalization	허수아비 공격의 오류 Straw Man
인신공격의 오류 *Ad Hominem*	순환논증의 오류 Circular Argument	붉은 청어의 오류 Red Herring
연민에 호소하는 오류 Appeal to Pity	권위에 호소하는 오류 Appeal to Authority	잘못된 비유의 오류 False Analogy
밴드왜건의 오류 Bandwagon	연좌제의 오류 Association	모호성의 오류 Equivocation
미끄러운 경사면의 오류 Slippery Slope	인과/상관관계 혼동의 오류 Causation vs. Correlation	인과관계 단순화의 오류 Causal Oversimplification

다음으로, 인지적 편향의 주요 유형을 정확하게 이해하고 극복할 수 있어야 한다. 다시 말해, 논증성 평가를 통해 자신이 준비한 '논지, 소주제, 근거' 간의 관계가 혹여 인지적 편향에 빠져 잘못된 것은 아닌지를 철저하게 검증한 후 논리적 말하기를 수행해야 한다. 예를 들어, "제가 작년에 처음 팀을 보았을 때, 그는 세상에서 가장 정직한 사람이라는 인상을 받았습니다."라는 A의 말에 대해 B가 "어제 팀은 마약 밀수 혐의로 체포되었습니다."라고 응답했다고 가정하자. 이에 A가 "말도 안됩니다! 무슨 오해가 있는 것이 틀림없습니다." 라고 답변한다면, 이것은 '기준점 편향'에 빠진 발언일 가능성이 높다. A는 팀을 처음 만났을 때 받았던 '첫인상' 즉, 최초의 정보를 근거로 그가 마약 밀수라는 범죄를 저질렀을 리가 없다는 잘못된 결론

인지적 편향의 주요 유형
Primary Types of Cognitive Bias

기준점 편향 Anchoring	상대성 편향 Relativity	확증 편향 Confirmation
친화도 편향 Affinity	사후설명 편향 Hindsight	대표성 편향 Representativeness
이기적 편향 Self-serving	가용성 편향 Availability	현상유지 편향 Status *Quo*
오컴의 면도날 편향 Occam's Razor	사일로효과 편향 Silo Effect	근시 편향 Myopia
충격과 공포 편향 Shock and Awe	후광효과 편향 Halo Effect	낙관주의 편향 Optimism

에 도달한 것이다.[19]

결론적으로, 논리적 말하기를 성공적으로 수행하기 위해서는 '논리적 오류'와 '인지적 편향'을 뛰어넘어서 '논리적 증명'에 도달할 수 있어야 한다. 다시 말해, 3단계 개요짜기에서 수행하는 논증성 평가를 통해 2단계 브레인스토밍하기에서 자신이 미리 준비한 '논지, 소주제, 근거' 간의 관계에 논리적 오류와 인지적 편향이 조금이라도 남아 있지는 않은지 여부를 철저하고 꼼꼼하게 검증해야 한다. 다만, 논리적 오류[20]와 인지적 편향[21]에 대한 각각의 구체적 명칭 및 분류 방법에 대해서는 다양한 학자들 간에 입장 차이가 매우 크다. 따라서

---

19. 이상혁, *supra* note 15, pp. 148-149.

20. 비형식적 오류의 주요 유형은 총 15가지로 분류될 수 있다. 유형별 오류에 대한 구체적 설명과 주요 예시는 이상혁, *supra* note 15, pp. 53-142 참고.

21. 인지적 편향의 주요 유형은 총 15가지로 분류될 수 있다. 유형별 편향에 대한 구체적 설명과 주요 예시는 이상혁, *supra* note 15, pp. 147-235 참고.

특정한 명칭에 집착하지 말고 오로지 그러한 명칭이 지칭하고자 하는 오류와 편향이 무엇인지에 초점을 맞추어 학습하는 것이 바람직하다. 지면의 한계상 자세한 설명은 생략하니, 이전에 출간된 필자의 졸고를 참고하길 바란다.

1.5. 논증과 설득, 그리고 수사학

논리적 말하기의 궁극적 '목표'는 자신의 논지에 대한 청중의 동의를 얻어내는 '설득'이다. 그리고 논리적 말하기의 구체적 '방법'은 자신의 논지, 소주제, 근거를 논리라는 틀에 올바르게 집어넣는 '논증'이다. 결론적으로, 논리적 말하기는 '논증'을 통한 '설득'이다. 한편, 효과적인 설득을 위한 의사소통의 방법과 기술을 흔히 'Rhetoric' 즉, 수사학[22]이라고 부른다. 영어 단어 'Rhetoric'은 "사람들에게 영향을 주는 특별한 방식으로 언어를 사용하는 기술"을 의미한다.[23] 인류 역사상 수사학으로 가장 유명한 학자는 고대 그리스

---

22. '수사학'의 의미는 "사상이나 감정 따위를 효과적 · 미적으로 표현할 수 있도록 문장과 언어의 사용법을 연구하는 학문"이다. 국립국어원 표준국어대사전.

23. The term 'Rhetoric' refers to "the art of using language ... in a special way that influences ... people". Oxford Learner's Dictionary.

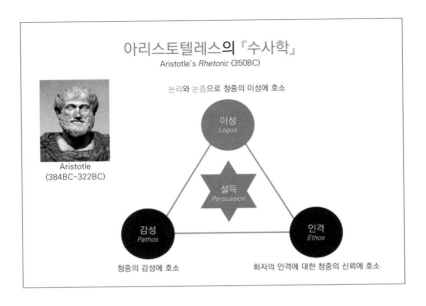

아테네의 철학자인 아리스토텔레스이다. 기원전 약 350년 경에 쓰여진 것으로 추정되는 『수사학』[24]이라는 책을 통해, 아리스토텔레스는 사람들을 설득하는데 매우 효과적인 방법 3가지를 다음과 같이 제시했다.

첫째, 논리와 논증으로 청중의 '이성' 즉, 'Logos'에 호소하는 설득 방법이다. 예를 들어, '노인 빈곤 문제의 해결을 위해 최근 설립된 사회복지법인 OOOO에 대한 월 3만원 정기 후원 요청'이라

---

24. 이 책의 원래 그리스어 제목은 'Ρητορική'이고, 이것이 라틴어로 'Rhētorikḗ'라고 번역되었다. 이 책의 제목은 영어로 'Rhetoric', 'The Art of Rhetoric', 'On Rhetoric', 'A Treatise on Rhetoric', 'The Art of Persuasion' 등으로 다양하게 번역되었다. 개인적으로는 제목과 부제를 활용한 'Rhetoric: The Art of Persuasion' 즉, '수사학: 설득의 기술'이라는 번역이 의미를 전달하기에 가장 바람직하다고 생각한다. See Aristotle, *Rhetoric* (350 B.C.E), translated by W. Rhys Roberts (Dover Publications, 2012); 아리스토텔레스, 『아리스토텔레스의 수사학』, 박문재 역 (현대지성, 2020).

는 논지를 청중에게 설득해야 한다고 가정해 보자. 먼저, '빈곤 노인에 대한 실질적 도움'과 '정기 후원자에 대한 소득공제 혜택'을 논지를 뒷받침하는 소주제-1과 소주제-2로 결정한다. 이에 더해, '후원금의 세부 사용 내역, 빈곤 노인이 실제로 받는 혜택' 등의 구체적 자료를 소주제-1을 뒷받침하는 근거로 제시한다. 또한, '세득세법의 관련 규정, 소득별 연간 소득공제 금액' 등의 구체적 자료를 소주제-2를 뒷받침하는 근거로 제시한다. 물론, 연관성 평가, 논증성 평가, 균형성 평가를 통해 논지, 소주제, 근거 간의 관계를 꼼꼼하게 검증해야 한다.

둘째, 청중의 '감성' 즉, 'Pathos'에 호소하는 설득 방법이다. 예를 들어, 늙고 병든 몸으로 하루도 빠짐없이 매일 6시간 동안 힘겹게 폐지를 줍지만, 1평 남짓한 비좁은 쪽방에서 하루 1끼니의 식사로 겨우 견딜 수밖에 없는 '김OO 어르신의 사례'를 구체적으로 묘사한 후, "월 3만원 정기 후원"을 부탁하는 것이다. 어르신의 힘겨운 모습을 담은 1장의 사진 혹은 영상 자료까지 보여준다면, 설득이 좀더 쉽지 않을까? 물론, 이러한 설득 방법은 '연민에 호소하는 오류'라는 비판을 받을 수도 있다.[25] 그럼에도 불구하고, 설득에 있어 감성의 중요성을 결코 부정할 수는 없다.[26] 최근 다양한 심리학 및 신경과학 연구를 통해, 이성에만 호소하는 것보다 이성과 감성에 동시에 호소하는

---

25. 이상혁, *supra* note 15, pp. 89–94.

26. See Roger Fisher and Daniel Shapiro, *Beyond Reason: Using Emotions as You Negotiate* (Penguin Books, 2005).

것이 훨씬 더 강력한 설득력을 가진다는 사실이 과학적으로도 증명되고 있다.[27]

셋째, 화자의 '인격' 즉, 'Ethos'에 대한 청중의 신뢰에 호소하는 설득 방법이다. 예를 들어, 평생을 불우하고 가난한 이웃을 돌보며 청빈하게 살아서 사회적 존경을 받으셨던 김수환 추기경님, 법정 스님, 한경직 목사님 등과 같은 분들이 여러분의 두 손을 꼭 잡고서 "노인 빈곤 문제의 해결을 위한 월 3만원 정기 후원"을 요청하는 것이다. 만약 가난하고 병든 수많은 사람들을 위해 평생을 헌신하셨던 테레사 수녀님, 장기려 박사님, 이태석 신부님 등과 같은 분들이 온화한 미소와 따뜻한 눈빛으로 여러분을 똑바로 쳐다보며, "선생님! 힘겨운 어르신들을 위해 월 3만원 후원 부탁드립니다."라고 간절하게 말한다면 어떨까? 실제로 기부금을 모집하는 사회복지법인의 신뢰도가 높을수록 기부금의 액수가 늘어난다는 사실을 보여주는 다수의 연구결과도 있다.[28]

결론적으로, 효과적이고 성공적인 설득을 위해서는 논리와 논증으로 청중의 '이성'에 호소하는 방법, 청중의 '감성'에 호소하는 방법, 그리고 화자의 '인격'에 대한 청중의 신뢰에 호소하는 방법을 모

27. See Jennifer S. Lerner and et al., "Emotion and Decision Making", *Annual Review of Psychology*, Vol. 66 (2015), pp. 799–823; Elizabeth A. Phelps and et al., "Emotion and Decision Making: Multiple Modulatory Neural Circuits", *Annual Review of Neuroscience*, Vol. 37 (2014), pp.263–287.

28. See Minah Jung and Nara Youn, "Charitable Donations: The Influence of Social Trust on Generosity", *Journal of Consumer Psychology*, Vol. 18(3) (2008), pp. 181–192; 한국사회복지연구원, "사회복지기관의 투명성이 기부행동에 미치는 영향에 관한 연구", 보건복지과학연구제도 사업총괄보고서, 제12-1호 (2012).

두 함께 활용해야 한다. 아리스토텔레스와 마찬가지로, 인류 역사상 최고의 웅변가로 평가 받는 기원전 1세기 로마의 정치인이자 철학자였던 키케로 또한 설득의 3요소로 이성, 감성, 인격을 제시한 바 있다.[29] 다만, 이 책의 주제인 '논리적 말하기'의 본질과 핵심은 당연히 논리와 논증으로 청중의 '이성'에 호소하는 것이다. 그럼에도 불구하고, 논리적 말하기의 궁극적 목표인 자신의 논지에 대한 청중의 '동의가능성' 즉, '설득의 힘'을 좀더 높이기 위해서는 청중의 '감성'은 물론 화자의 '인격'에 대한 청중의 신뢰에 호소하는 방법도 적절하게 활용해야 한다.

---

29. See Marcus Tullius Cicero, *De Oratore* (55 B.C.E.); Marcus Tullius Cicero, *On the Ideal Orator* (350 B.C.E), translated by James M. May and Jacob Wisse (Oxford University Press, 2001); 마르쿠스 툴리우스 키케로, 『설득의 정치』, 김남우 역 (민음사, 2015).

제2장
논리적 말하기의 기술

2.1. 청중 분석

　르네상스 시대의 정치철학자인 니콜로 마키아벨리가 1513년에 이탈리아어로 쓴 『군주론』은 인류 역사상 가장 위대한 고전 중 하나로 평가받는다. 약 500년 전 공직에서 쫓겨나고 감옥에서 형벌을 받은 후 아주 불우하게 지내고 있던 마키아벨리는 당시 이탈리아 피렌체의 권력을 장악했던 메디치 가문의 로렌초에게 '큰 기대'를 품고 이 책을 헌정했다. '큰 기대'란 이 책을 읽고 감동 받은 로렌초가 자신을 공직에 등용하고, 자신이 제시하는 방향으로 정책을 수행함으로써 피렌체의 부국강병은 물론이고 궁극적으로는 분열과 혼란에 휩싸인 이탈리아 반도 전체를 통일하는 것이었다. 안타깝게도 마키아벨리의 '큰 기대'는 결국 좌절되었다. 1527년 58세의 나이로 마키아벨리는 사망했고, 그 후 5년이 지난 1532년 『군주론』이 일반 대중을 위해 출판되었다.

마키아벨리의 『군주론』
Niccolo Machiavelli's *The Prince* (1532)

Niccolo Machiavelli
(1469~1527)

❝ 군주는 사랑받기보다 두려움 받는 것이 좋다.
군주의 자질로 자비로움보다 잔인함이 더 좋다.
예를 들어, 체사레 보르자의 잔인함 ⋯⋯ 로마냐 지방의 질서와 통일 ⋯⋯
피렌체인들의 자비로움 ⋯⋯ 피스토이아의 파괴, 강탈, 무질서 ⋯⋯ ❞

『군주론』에 담긴 인간, 권력, 정치, 국가, 동맹, 역사 등에 대한 마키아벨리의 예리한 통찰은 그가 집필 당시에는 전혀 의도하지도 상상하지도 못했던 후대의 독자들에게까지 엄청난 감동과 위대한 교훈을 주고 있다. 예를 들어, '군주'라는 단어를 요즘 유행하는 '리더'로 바꾸어 읽어보는 것만으로도 최고의 '리더십' 교과서를 만나볼 수 있다. 이에 더해, 인간의 본성을 끔찍할 만큼 부정적으로 그러나 현실적으로 묘사한 대목을 읽어보는 것만으로도 현실주의 세계관에 기반한 권력 정치의 본질을 엿볼 수도 있다. 그러나 안타깝게도 수많은 한국의 독자들은 『군주론』을 여전히 어렵다고만 생각한다. 도대체 그 이유가 무엇일까? 아마도 '16세기 이탈리아인'을 위해 마키아벨리가 쓴 너무나도 쉬운 예시가 '21세기 한국인'에게는 전혀 이해되

지 않기 때문일 것이다.

　가장 유명한 『군주론』의 제17장[30]에서 마키아벨리는 "군주는 사랑 받기보다 두려움 받는 것이 좋다."라고 주장한다. 다시 말해, 군주의 자질로 '자비로움'보다 '잔인함'이 더 좋다는 말이다. 이러한 주장을 뒷받침하기 위해 '잔임함' 때문에 성공한 예시로 '체사레 보르자[31]'를 그리고 '자비로움' 때문에 실패한 예시로 '피렌체인들'을 각각 제시한다. 그러나 두 예시는 '16세기 이탈리아인'에게는 너무나도 쉽게 이해되는 것이지만, '21세기 한국인'에게는 전혀 이해되지 않는 것이다. 결국, 약 500년이라는 시간적 간극과 약 9,000km라는 공간적 간극으로 인해 수많은 한국의 독자들이 여전히 『군주론』을 어렵다고 오해하는 것이다. 만약 한국의 독자들에게 '태종 이방원과 세종 이도' 혹은 '박정희와 김대중'의 예시로 잔인함과 자비로움을 설명하면, 훨씬 더 쉽지 않을까?

　바로 이 부분에서 '논리적 말하기'를 성공적으로 수행하기 위해 필요한 중요한 교훈 한 가지를 얻을 수 있다. 즉, 반드시 논리적 말

---

30. See Niccolo Machiavelli, "CHAPTER XVII Concerning Cruelty And Clemency, And Whether It Is Better To Be Loved Than Feared", *The Prince*, originally published in Italian in 1532 & translated into English by W. K. Marriott, 1st Edition (Scotts Valley, CA: CreateSpace Independent Publishing Platform, 2017); 니콜로 마키아벨리, 『군주론』, 김운찬 역 (현대지성, 2021).

31. 체사레 보르자(Cesare Borgia, 1475~1507)는 이탈리아 르네상스 시대의 군인이자 정치가이며, 로마 교황 포피우스 8세의 아들이다. 아버지의 교황 퇴임을 계기로 이탈리아 반도를 정복하기 위해 군사 작전을 전개했으며, 군사력 강화에도 크게 성공했다. 그 결과 이탈리아의 다양한 지역을 지배했으며, 이탈리아 반도의 통일에도 상당히 기여했다. 그러나 그는 이탈리아 반도의 통일이라는 목적을 위해 수단을 가리지 않았던 폭력적이고 무정한 정치가라고 비난을 받기도 한다. 일반적으로, 마키아벨리가 쓴 『군주론』의 주인공 혹은 모델이 바로 체사레 보르자라고 해석한다.

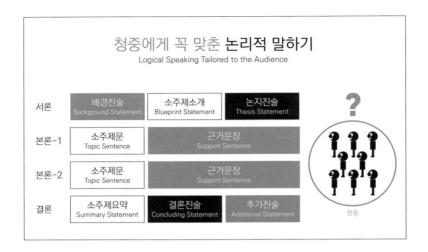

하기의 대상인 '청중'이 보다 쉽게 이해하고 보다 크게 공감할 수 있도록 말해야 한다는 것이다. 물론, 이슈에 대한 자신의 비판적 의견이 담긴 '논지진술'과 논지에 대한 이유가 되는 주장이 담긴 '소주제문'은 청중의 특징에 따라 달라질 가능성이 그렇게 크지는 않다. 즉, 자신의 주관적 '의견'은 그대로 전달하면 된다. 그러나 '근거문장'의 경우에는 반드시 청중이 보다 쉽게 이해하고 보다 크게 공감할 수 있도록 청중에게 꼭 맞춘 객관적 '사실'을 근거로 제시해야 한다. 이에 더해, 청중에게 꼭 맞춘 '배경진술'과 '추가진술'을 통해 더 큰 청중의 관심을 불러일으키고, 청중이 느끼기에 더욱 자연스럽게 마무리를 해야 한다.

'청중에게 꼭 맞춘 논리적 말하기'를 효과적으로 준비하기 위해 반드시 필요한 작업이 '청중 분석'이다. 청중 분석에 관한 논의

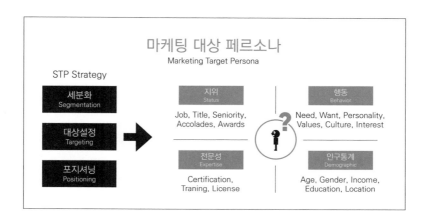

가 깊이 있게 진행된 분야 중 하나가 경영학, 특히 마케팅[32]이다. 궁극적으로 소비자로 하여금 상품 혹은 서비스를 구매하도록 설득한다는 측면에서 기업의 마케팅도 일종의 '논리적 말하기'이다. 마케팅의 본질을 표현하는 용어 중 하나가 'Segmentation, Targeting, Positioning'의 두문자어인 'STP'이다. 시장을 작은 그룹으로 세분화하고, 세분화된 그룹 중에서 최종 타겟 대상을 선택하고, 그들을 대상으로 기업의 상품과 서비스를 어떻게 제공할지를 결정하는 과정이 마케팅이다. 이때 나이, 성별, 지역, 소득 등 여러 가지 기준을 근거로 타겟 대상인 소비자를 보다 구체화하는 도구가 소위 '마케팅 대상 페르소나'이다.

　이러한 도구를 논리적 말하기에 응용해서 만든 '청중 분석을 위

---

32. 노스웨스턴대학교의 필립 코틀러 교수는 마케팅을 "목표 시장을 식별하고, 그들의 니즈와 원하는 것을 파악하여 제품과 서비스를 개발하고, 이를 고객에게 제공하고 홍보하여 이익을 창출하는 프로세스"라고 정의했다. Philip Kotler and et al., *Principles of Marketing: A Global Perspective* (Pearson, 2009), pp. 3–17.

청중 분석을 위한 8가지 질문
8 Questions for Audience Analysis

Analysis
분석

Who are they?
그들은 누구인가?

Understanding
이해

How well do they understand the issue?
그들이 이슈를 얼마나 잘 이해하고 있나?

Demographics
인구통계

What are their age, gender, education, etc.?
그들의 나이, 성, 교육 등은 어떠한가?

Interest
관심

Why are they interested in the presentation?
그들은 왜 발표에 관심이 있나?

Environment
환경

Where will the presentation take place?
어디에서 발표를 할 것인가?

Need
필요

What is their need to listen to the presentation?
그들이 발표를 들어야 할 필요는 무엇인가?

Customization
맞춤

Is the presentation customized to their interest/need?
발표가 그들의 관심/필요에 맞추어져 있나?

Expectation
기대

What do they expect from the presentation?
그들은 발표에서 무엇을 기대하나?

한 8가지 질문'을 통해 보다 쉽고 체계적으로 청중을 분석할 수 있다. 영어 단어 'AUDIENCE'를 두문자어로 활용하면, 어렵지 않게 기억할 수도 있다. 첫째, 'A' 즉, 전체 분석의 최종 목적인 "그들은 누구인가?"를 질문한다. 둘째, 'U' 즉, "그들이 이슈를 얼마나 잘 이해하고 있나?를 질문한다. 셋째, 'D' 즉, "그들의 나이, 성, 교육 등은 어떠한가?"를 질문한다. 넷째, 'I' 즉, "그들은 왜 발표에 관심이 있나?"를 질문한다. 다섯째, 'E' 즉, "어디에서 발표를 할 것인가?"를 질문한다. 여섯째, 'N' 즉, "그들이 발표를 들어야 할 필요는 무엇인가?"

를 질문한다. 일곱째, 'C' 즉, "발표가 그들의 관심/필요에 맞추어져 있나?"를 질문한다. 여덟째, 'E' 즉, "그들은 발표에서 무엇을 기대하나?"를 질문한다.

논리적 말하기의
대상인 '청중'이
보다 쉽게 이해하고
보다 크게 공감할 수 있도록
말해야 한다.

2.2. 음성, 표정, 자세

　논리적 말하기는 본질적으로 의사소통이다. 의사소통의 방법
은 크게 '언어적 의사소통'과 '비언어적 의사소통'으로 구분된다.
이 두 가지 의사소통의 방법을 동시에 그리고 올바르게 수행해야지
만, 비로소 자신의 논지에 대한 청중의 동의를 얻을 수 있는 논리적
말하기가 성공적으로 완성된다. 먼저, 언어적 의사소통이란 자신이
준비한 '콘텐츠'와 '생각'을 언어 혹은 말이라는 수단에 담아 청중
에게 전달하는 것이다. 즉, '무엇을 전달할까?'라는 질문에 초점을
둔 의사소통이 그 핵심이다. 논리적 말하기의 경우, 주어진 이슈에
대한 자신의 비판적 그리고 주관적 의견인 '논지', 그러한 논지를 뒷
받침하는 이유가 되는 주장인 2가지 '소주제', 그리고 각각의 소주제
를 뒷받침하는 객관적 사실에 근거한 충분하고 다양한 '근거'를 전달

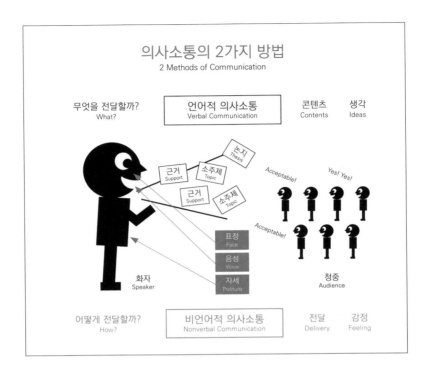

하는 것이다.[33]

　이에 반해, 비언어적 의사소통이란 언어 혹은 말에는 도저히 담을 수 없는 '감정'을 비언어적 수단을 통해 청중에게 전달하는 것이다. 자신이 준비한 콘텐츠와 생각을 긍정적인 감정에 담아 전달함으로써, 청중으로부터 공감 혹은 호감을 이끌어 내는 것이 궁극적인 목적이다. 결국, 비언어적 의사소통은 '무엇을 전달할까?'가 아니라 '어떻게 전달할까?'라는 질문에 그 초점이 맞추어져 있다. 즉, '전달' 그

---

33. 이상혁, *supra* note 2, pp. 295-298.

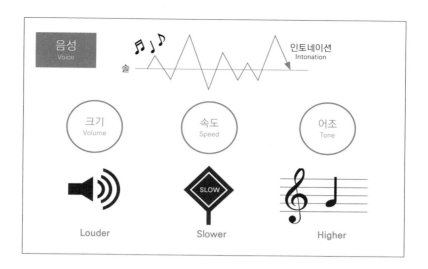

자체가 비언어적 의사소통의 핵심이다. 따라서 비언어적 의사소통은 비언어적 수단을 활용하여 청중의 감성에 호소하는 것이다. 비언어적 의사소통이 성공적으로 수행된 경우, 청중은 심지어 그 이유도 정확하게 인식하지 못한 채 일단 화자에 대해 무의식적으로 호감부터 가지게 된다. 비언어적 의사소통에는 음성, 표정, 자세라는 3가지 방법이 있다.[34]

첫째, 호감을 이끌어 내는 '음성'이다.[35] 먼저, 자신이 생각하기에 적절한 목소리 '크기'보다 최소 3배 이상 큰 것을 기준으로 잡고,

---

34. 청중의 호감을 이끌어 내는 비언어적 의사소통 방법의 대원칙은 '청중을 편안하게 그러나 화자 자신은 불편하게' 의사소통하는 것이다.

35. 일부에서는 'Voice' 즉, '음성'을 언어적 의사소통의 한 부분으로 설명하기도 한다. 그러나 이러한 설명은 정확하지 않다. 왜냐하면 언어 즉, 말에 담겨서 전달되는 논지, 소주제, 근거라는 '생각'과 그러한 생각을 어떤 느낌의 음성에 담아 '전달'하는가는 전혀 다른 차원의 문제이기 때문이다.

강약을 조절하며 말해야 한다.[36] 왜냐하면 화자의 입에서 귀까지 거리보다 화자의 입에서 청중의 귀까지 거리가 훨씬 더 멀기 때문이다. 화자에게 편안한 목소리 크기는 청중에게 불편할 정도로 작게 느껴질 수 밖에 없다. 다음으로, 자신이 생각하기에 적절한 '속도'보다 최소 3배 이상 느린 것을 기준으로 잡고, 빠르기를 조절하며 말해야 한다.[37] 왜냐하면 다수의 청중 앞에서는 보통 말이 빨라지기 때문이다.[38] 또한, 자신이 발성하기에 편안한 음보다 한 옥타브 더 높은 음, 이상적으로는 '솔'을 기준으로 잡고, 억양을 살려서 말해야 한다. 왜냐하면 높은 음을 발성하는 화자는 불편하지만, 그것을 듣는 청중은 매우 경쾌한 느낌을 갖기 때문이다.[39]

둘째, 호감을 이끌어 내는 '표정'이다. 먼저, 청중 한 사람 한 사람과 반드시 '시선 맞추기'를 해야 한다. 왜냐하면 인간의 생각은 주로 말을 통해 상대방의 귀로 전달되지만, 인간의 감정은 대부분 시선 맞추기를 통해 상대방의 눈으로 전달되기 때문이다.[40] 다만, 오

---

36. 중요한 것과 강조할 것은 상대적으로 더 큰 목소리로 말하고, 덜 중요한 것과 덜 강조할 것은 상대적으로 더 작은 목소리로 말한다.

37. 중요한 것과 강조할 것은 상대적으로 더 느린 속도로 또박또박 말하고, 덜 중요한 것과 덜 강조할 것은 상대적으로 더 빠른 속도로 말한다.

38. 일반적으로 말의 속도가 너무 빨라지면, (1) 불분명한 발음, (2) 언어적 실수, (3) 긴장감의 표시, (4) 신뢰성 하락 등의 문제로 인해 청중의 이해 및 동의 가능성이 낮아지는 문제점이 발생한다.

39. 결론적으로, 화자의 입장에서 느끼기에 너무나도 불편할 정도로 크고, 느리고, 높은 음을 기준으로 잡고, 마치 아름다운 노래를 한 곡 부르듯 혹은 한 편의 구연동화를 시연하듯 말하는 것이다. 즉, 중요한 것과 덜 중요한 것, 혹은 강조할 것과 덜 강조할 것 사이에 목소리 크기의 차이, 말하는 속도의 차이, 음 높낮이의 차이를 분명하게 두고 억양을 살려서 말하는 것이다.

40. 예를 들어, 누군가가 당신에게 "사랑해!"라고 고백한다고 가정해 보자. 그런데 그 사람이 당신의 눈을 똑바로 쳐다보지 않고, 당신의 눈길을 자꾸만 피하면서, 그것도 먼 산을 바라 보며 "사랑해!"라고 말한다면, '사랑'이라는 긍정적 감정이 당신에게 전달될 수 있을까? 결코 그렇지 않을 것이다.

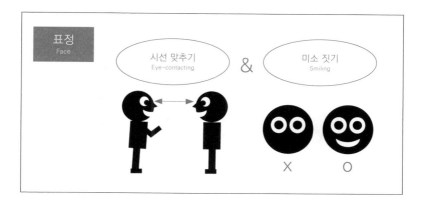

로지 상대방의 눈을 뚫어지게 쳐다보기만 한다면, 오히려 청중의 반감을 불러일으키는 소위 '야리는'[41] 행동이 된다. 따라서 '시선 맞추기'와 '미소 짓기'를 반드시 함께 해야 한다. 상당 부분 개선되기는 했지만, 안타깝게도 한국 사람들 중 상당수는 여전히 '미소 짓기'를 잘하지 못한다.[42] 왜냐하면 단지 눈으로만 웃으려 노력하기 때문이다. 올바른 '미소 짓기'란 반드시 눈과 입으로 동시에[43], 나아

---

41. 비록 동사 "야리다"가 국립국어원 표준국어대사전에 등재된 표준어는 아니지만, "못마땅하여 매서운 눈초리로 흘려보다."라는 의미로 일상에서는 종종 사용된다. "흘겨보다, 째려보다, 노려보다" 등이 비슷한 의미의 표준어이다.

42. 평범한 미국인과 평범한 한국인의 증명사진 혹은 졸업앨범을 비교해 보라. 상당수의 미국 사람들은 눈은 물론이고 활짝 벌린 입으로도 미소를 지으며 사진을 찍는다. 이에 반해, 상당수의 한국 사람들은 눈으로 미소를 지으려 노력하지만 그것도 쉽지 않고, 입을 꼭 다문 채 사진을 찍는다. 심지어, "웃으세요! 김치!"라는 사진사의 요청에 애써 입꼬리를 살짝 올려보지만, (전체적으로 무표정한 얼굴에 입꼬리만 올리다 보니) 오히려 어색한 '썩소' 즉, '썩은 미소'만 날릴 뿐이다.

43. '눈과 입으로 동시에 미소 짓기'와 관련된 재미 있는 사례는 '헬로키티'이다. 1974년 일본 회사 산리오가 만든 '붉은 리본을 머리에 단 귀여운 고양이' 캐릭터인 헬로키티는 일본에서 엄청난 인기를 얻었다. 그런데 헬로키티가 처음 미국 시장에 진출했을 때, 문화적 차이로 인해 적지 않은 어려움을 겪었다. 왜냐하면 검은색 점으로 표현된 눈을 가진 헬로키티를 일본 사람들은 귀엽다고 인식했는데 반해, '입으로 웃는 것에 익숙한' 미국 사람들 중 상당수는 입이 없는 고양이가 귀엽기는 커녕 오히려 표정을 알 수 없어 너무 이상하다고 인식했기 때문이다. 물론, 상당한 시간이 지난 후 여러 가지 이유로 미국은 물론 전세계적으로 헬로키티는 상업적으로 크게 성공했다. See Masaki Kondo, "Why Is Hello Kitty Still Popular?", *BBC News* (June 2019); Lisa Richwine, "Hello Kitty, Iconic Character with Mouthless Face, Turns 40", *Reuters* (November 2014).

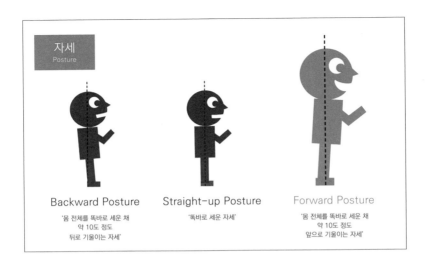

자세
Posture

Backward Posture
'몸 전체를 똑바로 세운 채
약 10도 정도
뒤로 기울이는 자세'

Straight-up Posture
'똑바로 세운 자세'

Forward Posture
'몸 전체를 똑바로 세운 채
약 10도 정도
앞으로 기울이는 자세'

가 온 얼굴 근육을 모두 사용해서, 그리고 궁극적으로는 온 몸으로 활짝 웃는 것이다.[44]

셋째, 호감을 이끌어 내는 '자세'이다. 화자의 몸이 표현하는 사소한 자세의 차이가 논리적 말하기 전체의 느낌에 큰 변화를 만들어 낸다. 예를 들어, '몸 전체를 똑바로 세운 채 약 10도 정도 뒤로 기울이는 자세'는 나태하고, 무관심하며, 무성의한 느낌을 준다. 심지어 거만하고 권위적인 느낌마저 준다. 이것은 화자에게만 편안하고, 청중에게는 매우 불쾌한 자세이다. 한편, '똑바로 세운 자세'는 지나치게 딱딱하고 긴장된 느낌을 준다. 이것은 화자와 청중 모두에게 딱딱하고, 어색하며, 부자연스러운 느낌을 주는 자세이다. 따라서, 논리

---

44. '온 몸으로 활짝 미소 짓기'를 통해 호감을 불러일으키는 대표적인 사례는 영화 〈슈렉 2〉에서 '장화 신은 고양이'가 천진난만한 표정으로 위를 올려다보는 장면이다. See "Puss in Boots Scene", *Shrek 2* (2004), available at www.youtube.com/watch?v=vaJ2yQC_ktY, accessed November 2023.

적 말하기에서는 '몸 전체를 똑바로 세운 채 약 10도 정도 앞으로 기울이는 자세'가 가장 바람직하다. 비록 화자의 입장에서는 다소 불편하고 힘든 자세이지만, 청중의 입장에서는 밝고 긍정적인 느낌을 받을 수 있기 때문이다.[45]

결론적으로, 논리적 말하기를 통해 청중으로부터 보다 큰 호감을 이끌어 내기 위해서는, 마치 연극 무대 위에 홀로 선 배우처럼 음성, 표정, 자세 등 비언어적 의사소통 방법을 반복적으로 그리고 끊임없이 연습해야 한다. 비언어적 의사소통의 대원칙은 '자신을 불편하게 만들고, 청중을 편안하게 만드는 것이다.'이다. 언어에 담긴 논리를 활용하여 청중의 이성에 호소하는 언어적 의사소통과 달리, 비언어적 의사소통은 음성, 표정, 자세와 같은 비언어적 수단을 활용하여 청중의 감성에 호소하는 것이다. 자신의 논지에 대한 청중의 동의를 얻어내는 '설득'이 논리적 말하기의 궁극적 목표라는 측면에서 살펴보면, 비언어적 의사소통의 중요성은 현실적으로 매우 크다. 왜냐하면 평범한 보통 사람들은 이성보다 감성에 더 큰 영향을 아주 쉽게 받기 때문이다.

---

45. 원칙적으로 팔, 손가락 등의 관절은 살짝 오무리는 것이 자연스럽다. 특별한 의미와 의도 없이 움직이는 잦은 손 동작은 청중의 집중을 크게 방해한다. 다만, 어떤 부분에 대한 강조, 청중의 주목 끌기 등 특별한 의미와 의도가 있는 경우에는 가급적 손 동작을 크고 과감하게 하는 것이 효과적이다. 한편, 강연대, 마이크, 핀 조명 등 특별히 화자의 위치가 정해져 있는 경우에는 원칙적으로 고정된 장소에서 움직이지 않고 논리적 말하기를 수행하는 것이 바람직하다. 다만, 어떤 부분에 대한 강조, 청중의 주목 끌기 등 특별한 의미와 의도가 있는 경우에는 자연스럽게 위치를 이동하는 것이 효과적일 때도 있다.

비언어적 의사소통은
음성, 표정, 자세와 같은
비언어적 수단을 활용하여
청중의 감성에
호소하는 것이다.

2.3. 침묵, 멈춤, 호흡

'여백의 힘'이라는 표현을 들어보았는가? '여백'의 사전적 의미는 "종이 따위에, 글씨를 쓰거나 그림을 그리고 남은 빈 자리"이다.[46] 따라서 여백의 힘이란 텅 빈 공간 혹은 공백이 어떤 작품 전체에 미치는 영향력을 지칭하는 용어이다. 즉, 여백 혹은 공백이 있어야지만 작품 속에서 어떤 부분을 특별히 더 강조할 수 있고, 어떤 물체나 내용을 더욱 두드러지게 만들 수 있다는 개념이다. 이러한 여백의 힘 때문에 조화롭게 완성되는 작품 전체의 아름다움을 흔히 '여백의 미'라고도 표현한다. 이 책의 주제인 '논리적 말하기'의 성공적인 수행을 위해서도 반드시 '여백'이 필요하다. 오로지 '말하기'로만 가득 채우는 것보다, 역설적이게도 침묵, 멈춤, 호흡과 같은 '말하지 않기'의

---

46. 국립국어원 표준국어대사전.

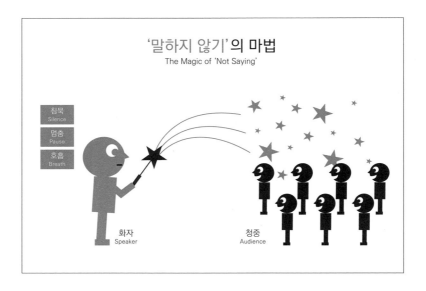

'말하지 않기'의 마법
The Magic of 'Not Saying'

침묵
Silence

멈춤
Pause

호흡
Breath

화자
Speaker

청중
Audience

여백을 적절히 활용함으로써, 보다 설득력 있는 논리적 말하기를 완성할 수 있다.

첫째, 적절한 '침묵'으로 청중의 이목을 집중시킨다. 논리적 말하기의 서론 특히, 배경진술의 기능은 논쟁의 대상인 이슈를 드러내고 '청중의 관심'을 불러일으키는 것이다. 즉, 청중의 이목을 집중시키는 것이 배경진술의 본질이다. 그러나 현실 속에서 논리적 말하기가 실제로 수행되는 현장은 다양한 요인으로 인해 매우 어수선하고 산만한 경우가 적지 않다. 이때 청중의 이목을 집중시키는 평범한 방법은 "자! 이제 시작합니다. 조용히 해주세요."라고 말하는 것이다. 이에 반해, 탁월한 방법은 적절한 '침묵'을 활용하는 것이다. 예측불

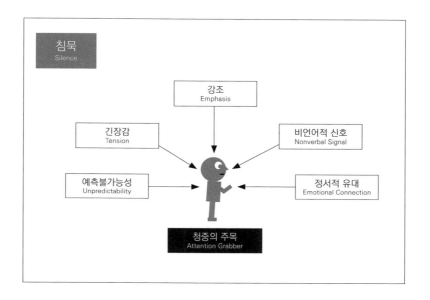

가능성[47], 긴장감[48], 강조[49], 비언어적 신호[50], 정서적 유대[51]라는 특징 때문에, 적절한 침묵은 잠시 후 시작될 '논리적 말하기'를 적극적으로 경청할 청중의 준비 자세 즉, '청중의 주목'을 이끌어 내는 강력한 힘을 가지고 있다.[52]

---

47. 일반적으로 청중은 화자의 침묵을 예상하지 않는다. 따라서 침묵은 청중의 예상을 깨는 요소로 작용하여 역설적으로 청중의 이목을 집중시킨다.

48. 일반적으로 침묵은 청중의 긴장감을 조성한다. 논리적 말하기를 시작할 것으로 예정된 상황에서 침묵하는 것은 청중에게 매우 큰 긴장감을 전달한다. 이러한 긴장감이 청중의 기대를 높이고 청중의 이목을 집중시킨다.

49. 일반적으로 침묵은 중요한 말이 이제 곧 시작될 것이라는 점을 강조하는 효과가 있다. 이러한 강조의 효과 때문에 침묵은 청중의 이목을 집중시킨다.

50. 일반적으로 청중은 침묵의 상태에서 더 많은 정보를 얻기 위해 눈빛, 표정, 몸짓 등과 같은 비언어적 의사소통에 더욱 집중한다. 따라서 침묵은 화자의 비언어적 의사소통에 대한 청중의 이목을 집중시킨다.

51. 일반적으로 침묵은 화자와 청중 간의 정서적 유대를 강화한다. 따라서 침묵은 화자가 전달하려고 하는 감정 혹은 감성에 대한 청중의 이목을 집중시킨다.

52. '말보다 침묵이 더 크게 말한다' 혹은 '말보다 침묵이 더 큰 의미를 전달한다.'를 뜻하는 "Silence speaks louder than words."라는 영어 속담도 있다. See Michael Angelo Caruso, "The Power of Silence: Why Shutting

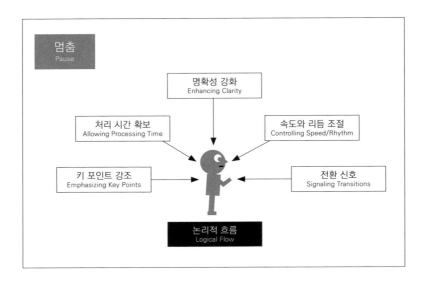

둘째, 계획적이고 목적 의식이 분명한 '멈춤'으로 논리적 흐름을 보다 분명하게 드러낸다. 언어적 의사소통의 측면에서 설명하자면, 논리적 말하기를 통해 청중에게 전달할 '콘텐츠'와 '생각'은 자신이 준비한 논지, 소주제, 근거이다. 무엇보다 가장 중요한 '논지'가 담겨져 있는 서론의 '논지진술'과 결론의 '결론진술' 앞에서 2~3초[53] 동안 멈추기를 한다. 또한, 논지의 이유가 되는 주장인 각각의 '소주제'가 담겨져 있는 본론의 '소주제문'은 물론 서론의 '소주제소개'와 결

Up is Good for You", *TEDx Talks*, available at www.youtube.com/watch?v=h_GLrlUA0q4, accessed November 2023; Neal Gittleman, "The Power of Silence", *TEDx Talks*, available at www.youtube.com/watch?v=ec9GyxEUGec, accessed November 2023.

53. 다만, 4초 이상 긴 멈춤은 청중으로 하여금 화자의 말을 이해할 수 없도록 만들거나 청중을 불편하게 만드는 부작용이 있다. See Kristina Lundholm Fors, "Pauses Can Make or Break a Conversation", University of Gothenburg (7 September 2015), available at www.gu.se/en/news/pauses-can-make-or-break-a-conversation, accessed November 2023.

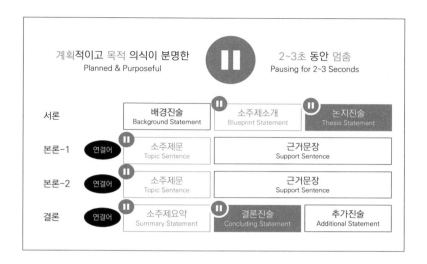

론의 '소주제요약' 앞에서도 2~3초 정도의 멈추기를 한다. 키 포인트 강조[54], 처리 시간 확보[55], 명료성 강화[56], 속도 조절[57], 전환 신호[58]라는 특징 때문에, 계획적이고 목적 의식이 분명한 2~3초 동안의 멈춤은 말 전체의 논리적 흐름을 보다 분명하게 드러내는 강력한 힘을 가지고 있다.[59]

---

54. 일반적으로 2~3초 동안의 멈춤은 그 다음에 나오는 정보를 강조하는 효과가 있다. 따라서, 논지와 소주제 앞에서의 멈춤은 청중으로 하여금 말 전체의 논리적 흐름에 보다 주목하도록 도와준다.

55. 일반적으로 2~3초 동안의 멈춤은 그 다음에 나오는 정보를 처리할 수 있는 정적인 순간을 청중에게 제공한다. 즉, 청중은 기존에 가지고 있던 생각, 지식 혹은 경험과 연결하는 등 해당 정보에 대해 생각하는 시간을 갖는다. 따라서 논지와 소주제 앞에서의 멈춤은 청중으로 하여금 논리적 흐름에 보다 주목하도록 도와준다.

56. 일반적으로 2~3초 동안의 멈춤은 그 다음에 나오는 정보를 좀더 명확하게 전달하도록 돕는다. 따라서 논지와 소주제 앞에서의 멈춤은 청중으로 하여금 말 전체의 논리적 흐름에 보다 주목하도록 도와준다.

57. 일반적으로 2~3초 동안의 멈춤은 속도와 리듬을 조절하여 말하기 전체의 단조로움을 막아준다. 따라서 논지와 소주제 앞에서의 멈춤은 청중으로 하여금 보다 경쾌한 느낌으로 말 전체의 논리적 흐름에 보다 주목하도록 도와준다.

58. 일반적으로 2~3초 동안의 멈춤은 다른 부분이나 다른 주제 사이의 전환을 알리는 신호의 기능을 한다. 따라서 논지와 소주제 앞에서의 멈춤은 청중으로 하여금 전체의 논리적 흐름에 보다 주목하도록 도와준다.

59. 멈춤의 힘을 보여주는 대표적인 사례는 제35대 미국 대통령 존 F. 케네디가 암살된 지 5일 후인 1963년 11월

셋째, 적절한 '호흡'으로 의사소통을 보다 명확하게 한다. 언어 능력의 발전단계라는 측면에서 설명하자면, 논리적 말하기는 단어, 구, 문장의 차원을 넘어 '문단'과 '단락' 차원에서 이루어지는 논리적 의사소통이다. 최소한 단어 하나하나, 구 하나하나, 문장 하나하나를 또박또박 정확하게 발음할 수 있어야지만, 문단과 단락 차원에서도 명확한 의사소통이 가능해진다. 따라서, 원칙적으로 문장이 끝나는 마침표에서는 매번 0.5~1초 동안 호흡하는 것이 바람직하다.[60] 이에 더해, 한 문장 내에서 쉼표가 사용된 곳에서도 적절하게 호흡하는 것이 좋다. 말하기의 기반[61], 리듬과 속도[62], 음성 프로젝션[63], 감정 표현[64], 안정감과 자신감[65]이라는 특징 때문에, 적절한 호흡은 논리적

27일 린든 B. 존슨이 제36대 미국 대통령으로서 처음으로 의회에서 했던 연설이다. 이때 린든 B. 존슨이 들고 있었던 연설 원고에는 자신이 직접 적은 "Pause, Pause"라는 표시가 곳곳에 수없이 많았다고 한다. 지금까지 이 연설은 가장 위대한 대통령 연설 중 하나로 높이 평가받고 있다. See "President Johnson's First Speech in 1963", available at www.youtube.com/watch?v=FhaiWKoLRv8, accessed November 2023; Patrick Barry, *Good with Words: Speaking and Presenting* (Michigan Publishing Services, 2021), pp. 12-13.

60. See Allison Shapira, "Breathing Is the Key to Persuasive Public Speaking", *Harvard Business Review* (30 June 2015), available at hbr.org/2015/06/breathing-is-the-key-to-persuasive-public-speaking, accessed November 2023.

61. 음성 형성을 위한 공기의 흐름을 제공하는 호흡은 말하기를 위해 필수적이다. 따라서 적절한 호흡이 없으면 명확한 의사소통이 불가능하다.

62. 호흡은 말의 리듬과 속도를 통제하는데 필수적이다. 따라서 적절한 호흡을 통해 말의 리듬과 속도를 통제하지 못하면 명확한 의사소통이 불가능하다.

63. 적절한 호흡은 음성의 강도와 공명을 향상시켜서, 규모가 큰 장소 혹은 소음이 심한 환경에서도 명확하게 들릴 수 있도록 음성 프로젝션을 도와준다. 따라서 적절한 호흡을 통해 음성 프로젝션을 적절하게 유지하지 못하면 명확한 의사소통이 불가능하다.

64. 음의 높이와 억양에 영향을 미치는 호흡은 감정을 전달하는데 중요한 역할을 한다. 따라서 적절한 호흡을 통해 감정 전달을 적절하게 하지 못하면 명확한 의사소통이 불가능하다.

65. 적절한 호흡은 긴장과 불안을 줄여줌으로써, 안정감과 자신감의 형성에 기여한다. 따라서 적절한 호흡으로 안정감과 자신감을 유지하지 못하면 명확한 의사소통이 불가능하다.

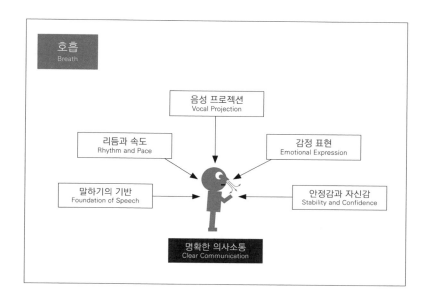

말하기 전반에 걸친 명확한 의사소통을 가능하게 해 주는 강력한 힘을 가지고 있다.

　결론적으로, 논리적 말하기의 성공적인 수행을 위해서는 '말하기'뿐만 아니라 반드시 침묵, 멈춤, 호흡이라는 '말하지 않기'의 방법도 적절하게 활용해야 한다. 최소한 배경진술을 말하기 전에 적절한 '침묵'으로 청중의 주목을 이끌어 내고, 논지와 소주제를 말하기 전에 2~3초 동안의 '멈춤'으로 말 전체의 논리적 흐름을 보다 분명하게 드러내며, 모든 마침표와 적절한 쉼표에서 0.5~1초 동안의 '호흡'으로 명확한 의사소통을 할 수 있어야 한다. 한편, 다수의 청중 앞에서 논리적 말하기를 수행할 때, 심장 박동이 빨라지고 땀이 쏟아지는 등 극도로 긴장하는 경우가 종종 있다. 이러한 경우에는 잠시 동안

두 눈을 감고 깊은 호흡을 해야 한다. 좀더 심각한 경우, 20초 정도 아예 숨을 멈추고 심장 박동을 안정시킨 후 다시 깊은 호흡을 하면, 큰 도움이 된다.

2.4. 질문하기의 힘

　적절한 의문을 제기하는 것 즉, 질문하기는 논리와 논증을 위한 핵심 기술이다. 예를 들어, 귀납적 방법론 즉, 과학적 방법론으로 현대 과학과 철학에 가장 큰 영향을 미친 영국의 철학자 프랜시스 베이컨은 "질문하기의 힘이 지식의 힘이다."라는 유명한 말로 질문의 중요성을 강조했다. 또한, 1921년 노벨물리학상 수상자이자 인류 역사상 가장 위대한 과학적 사고를 가진 인물로 평가 받는 독일 출신 이론물리학자 아인슈타인 또한 "중요한 것은 질문하기를 멈추지 않는 것이다."라는 유명한 말로 질문의 중요성을 강조했다. 이렇듯 질문하기는 논리와 논증으로 상징되는 철학적 사고 혹은 과학적 사고의 본질이자 핵심이다. 동일한 맥락에서, 질문하기는 이 책의 주제인 '논리적 말하기'의 성공적인 수행을 위해서 반드시 활용해야 하는 중요한 기술이다.

"The power of questioning is
          the power of knowledge."
"질문하기의 힘이 지식의 힘이다."

Francis Bacon
(1561~1626)

"The important thing is
          not to stop questioning."
"중요한 것은 질문하기를 멈추지 않는 것이다."

Albert Einstein
(1879~1955)

　질문의 유형은 크게 개방형 질문과 폐쇄형 질문으로 구분된다. 먼저, 개방형 질문은 상대방에게 자세하고 상세한 정보를 제공하도록 유도하는 질문이다. 다시 말해, 자유롭게 생각하고 의사표현을 할 수 있는 충분한 여지를 상대방에게 주는 질문이다. 예를 들어, '누가?, 무엇을?, 언제?, 어디서?, 왜?, 어떻게?'라는 소위 '5W1H' 즉, 육하원칙에 따른 '사실관계'의 파악에 주로 활용되는 질문들이 여기에 해당한다. 특히, '왜?'와 '어떻게?'는 단순한 사실관계의 파악을 넘어 각각 '논증관계'의 검증과 '해결방법'의 모색이라는 매우 중요한 추가적 기능을 수행한다. 이에 더해, '만약 ~라면?'은 단순한 사실관계를 넘어 상대방의 상상력을 자극하는 질문이다. 이에 반해, 폐쇄형 질문은 상대방에게 '예 혹은 아니오'와 같은 단답형 답변을 요구하는 질문이다.

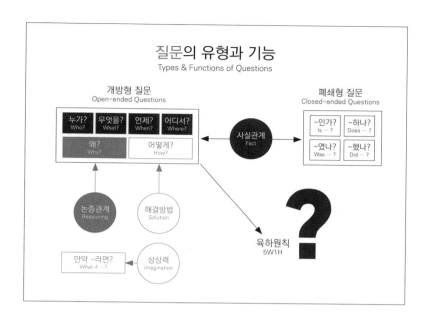

논리적 말하기를 성공적으로 수행하기 위해 반드시 필요한 기술인 '질문하기의 힘'은 3단계 개요짜기에서 자신의 논리 전개 즉, 자신이 준비한 '논지, 소주제, 근거' 간의 논증관계를 철저하게 검증하는 것이다. 다시 말해, 논리적 말하기의 본질이자 핵심인 '논증성 평가'를 올바르게 수행하기 위해, 다음과 같은 3가지 본질적인 질문을 자기자신에게 끊임없이 던져야 한다. 첫째, '의견인가? 사실인가?'라는 질문을 통해, 주관적 '의견'과 객관적 '사실'을 분별해야 한다. 예를 들어, "원자력 발전소를 확대해야 한다."와 "원자력은 친환경적이다."라는 두 문장은 모두 주관적 '의견'이다. 이에 반해, "2019년 한 해 동안 미국에서 원자력 발전소로 인해 4억7천6백만 톤의 이산화탄소 배출이 줄었다."라는 문장은 이미 벌어진 객관적 '사실'을

전달하는 진술이다.

둘째, 주관적 '의견'에 대해서는 반드시 '왜?'라는 질문을 통해 '왜냐하면'이라는 답변이 나오는지 여부 즉, '논증관계'를 철저하게 검증해야 한다. 예를 들어, "원자력 발전소를 확대해야 한다."라는 주관적 의견에 대해 반드시 '왜?'라는 질문을 던지고, 이에 대한 답변에 따라 이러한 의견의 수용 여부를 결정해야 한다. 만약, "왜냐하면 원자력은 친환경적이기 때문이다."라고 적절한 이유를 제시한다면, 이러한 의견을 수용할 수 있다. 다만, "원자력은 친환경적이다."라는 진술 또한 주관적 의견에 불과하기 때문에 반드시 '왜?'라는 질문을 한 번 더 던져야 한다. 만약 "왜냐하면 2019년 한 해 동안 미국에서 원자력 발전소로 인해 4억7천6백만 톤의 이산화탄소 배출이 줄었기 때문이다."라는 객관적 '사실'에 기반한 이유를 제시한다면, 이러한 의견을 수용할 수 있다.

셋째, 객관적 '사실'에 대해서는 반드시 '참인가? 혹은 거짓인가?'라는 질문을 통해 그 진위 여부 즉, '사실관계'를 철저하게 확인해야 한다. 만약 그 진위 여부를 확인한 결과 객관적 '사실'에 관한 진술이 '참'일 경우에는 수용하고, '거짓'일 경우에는 거부하면 된다. 예를 들어, "2019년 한 해 동안 미국에서 원자력 발전소로 인해 4억7천6백만 톤의 이산화탄소 배출이 줄었다."라는 사실이 기록된 기사를 확인할 수 있다.[66] 다만, 이것은 2차 자료에 불과하기 때문에, 가급적 1차 자료를 추가적으로 확인하는 것이 바람직하다.[67] 1차 자료를 통한 객관적 '사실'의 진위 여부에 대한 확인 결과 그것이 '참'이면, 그러한 사실을 수용하면 된다. 이에 더해, "핵에너지연구원에 따르면"이라는 출처까지 함께 제시하는 것이 신뢰도의 측면에서 더욱

---

66. "3 Benefits of Nuclear Energy: How Clean Is Nuclear Power", *enCore energy* (29 March 2022), available at encoreuranium.com/benefits-of-nuclear/benefits-of-nuclear-energy/, accessed November 2023.

67. 보다 정확한 사실관계의 확인을 위해 경우에 따라 1차 자료의 생산에 사용된 'Raw Data' 즉, '미가공 데이터'까지 직접 확인해야 할 때도 있다.

바람직하다.[68]

결론적으로, 논리적 말하기에서 활용되는 질문하기의 본질적 기능은 의견과 사실을 분별하고, 논증관계를 검증하며, 사실관계를 확인하기 위해 던지는 3가지 질문을 통해 '논지, 소주제, 근거' 간에 논증성 평가를 수행하는 것이다. 이것이 바로 논리적 말하기를 위해 필요한 논리와 논증의 기초이자 비판적 사고의 핵심이다. 다만, '비판'과 '비난'을 결코 혼동하지 말아야 한다. "어떤 의견에 (일단 무조건) 반대"하는 비난과 달리, "시시비비를 판단"하는 비판은 어떤 의견이 왜 옳고 왜 그른지에 대해 끝없이 질문하는 것이다. 또한 이것이 끝없는 질문으로 자신의 무지함에 스스로 도달하도록 가르쳤던 고대 그리스의 철학자 소크라테스의 소위 '소크라테스식 문답법'의 핵심이기도 하다. 결국, 질문하기의 본질적 기능을 수행하는 것이 바로 논리적 말하기이다.

'논증성 평가'라는 질문하기의 본질적 기능에 더해 다음과 같은 5가지 추가적 기능 또한 적절하게 활용할 수 있다면, 청중의 동의 혹은 설득이라는 논리적 말하기의 궁극적인 목적을 보다 효과적으로 달성할 수 있다. 첫째, '청중 분석하기'라는 질문의 추가적 기능이다.

---

68. 1차 자료에 따르면, 2019년의 보다 정확한 이산화탄소 배출 감소량은 4억7천6백2십만 톤이다. 2020년과 2021년에는 각각 4억7천1백3십만 톤과 4억7천6백5십만 톤의 이산화탄소 배출량이 줄었다. 한편, 이러한 1차 자료의 수치는 미국 환경청(EPA, Environmental Protection Agency)과 환경정보국(EIA, Environment Information Administration)이 각각 생산한 미가공 데이터를 기반으로 핵에너지연구원(NEI)이 직접 계산한 것이다. See "Emissions Avoided by U.S. Nuclear Industry", *Nuclear Energy Institute* (2022), available at www.nei.org/resources/statistics/old/emissions-avoided-by-us-nuclear-industry, accessed November 2023.

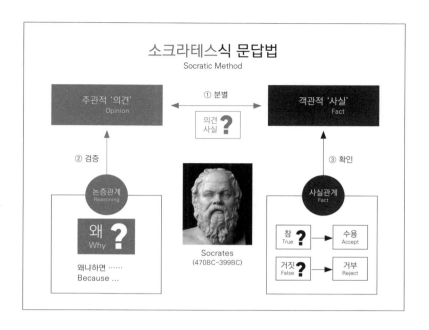

앞서 설명한 바와 같이, 청중 분석은 원칙적으로 청중과의 직접 대면 이전에 미리 완벽하게 마무리해야 한다. 다만, 사전에 수행한 청중 분석이 불충분한 경우에는 논리적 말하기를 본격적으로 시작하기에 앞서 다양한 질문을 통해 청중 분석을 보완할 수 있다. 예를 들어, "여러분 연령대가 어떻게 되시는지요?", "모두들 이 근처에 사세요?", "초등학생 자녀가 있으신 분 계세요?", "혹시 ○○○이라는 주제에 대한 강연을 들어본 적이 있나요?" 등과 같은 질문을 통해 청중 분석을 완성한다.

둘째, '청중의 관심 끌기'라는 질문의 추가적 기능이다. 논리적 말하기에서 서론의 구성 요소 중 하나인 '배경진술'은 논쟁의 대상

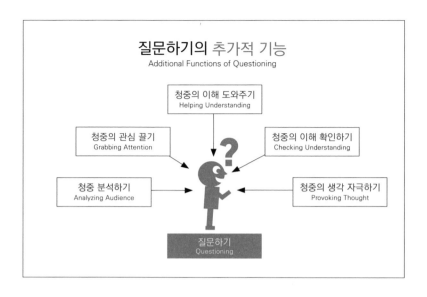

질문하기의 추가적 기능
Additional Functions of Questioning

청중의 이해 도와주기
Helping Understanding

청중의 관심 끌기
Grabbing Attention

청중의 이해 확인하기
Checking Understanding

청중 분석하기
Analyzing Audience

청중의 생각 자극하기
Provoking Thought

질문하기
Questioning

인 이슈를 드러내고 청중의 관심을 불러일으키는 것이다. 따라서 질문의 형식으로 배경진술을 구성하여 청중의 관심을 끄는 것이다. 예를 들어, "혹시 오늘 아침 OOO에 관한 뉴스를 보셨나요?", "여러분! 인권이라는 표현은 많이 들어보셨죠? 그렇다면 혹시 동물권이라는 표현은 들어보셨나요?", "한자어 動物權의 의미를 아시나요?", "영어 Animal Rights의 의미를 아시나요?", "화면에 보이는 숫자 120,000 은 무엇을 의미할까요?", "올해 한국의 출산율은 얼마일까요?" 등과 같은 질문을 통해 청중의 주의를 집중시킨다. 흥미로운 질문은 청중의 호기심을 자극하고, 청중으로 하여금 화자의 말에 더욱 귀기울이게 만든다.

셋째, '청중의 이해 도와주기'라는 질문의 추가적 기능이다. 적절한 질문을 통해 논지, 소주제, 근거를 자신이 어떻게 제시하고 있는지 혹은 제시할 것인지를 강조함으로써, 논리적 말하기 전체에 대한 청중의 논리적 분석을 도와주는 것이다. 다시 말해, 논리적 흐름을 강조하는 질문을 통해 논리적 흐름에 대한 청중의 이해를 돕는 것이다. 예를 들어, "OOO이라는 논쟁에 대한 여러분의 생각은 무엇인가요?", "OOO이라는 논란에 대한 저의 결론이 무엇인지 예상하시겠습니까?", "제가 OOO이라는 결론에 도달하게 된 이유는 과연 무엇일까요?", "과연 저는 무엇을 근거로 OOO이라는 의견을 제시하는 것일까요?", "OOO이라는 이유를 뒷받침해 줄 수 있는 구체적인 사례로는 어떤 것이 있을까요?" 등과 같은 질문을 통해 청중의 이해를 도와준다.

넷째, '청중의 이해 확인하기'라는 질문의 추가적 기능이다. 화자는 적절한 질문을 통해 자신이 현재 수행하고 있는 논리적 말하기 전체에 대한 청중의 이해 수준을 정확하게 확인할 수 있다. 예를 들어, "이제 OOO이라는 개념이 충분히 이해되시나요?", "이제 영어 단어 OOO이 무엇을 의미하는지 정확하게 아시겠나요?", "이제 OOO과 OOO의 관계가 분명하게 이해되시죠?", "이제 OOO이라는 상황이 충분히 공감되시죠?", "왜 제가 이러한 결론에 도달하게 되었는지 그 이유를 정확하게 아시겠지요?", "OOO이라는 문제에 대한 최선의 대안이 무엇인지 이제 확실하게 이해되시죠?" 등과 같은 질문을 통해 청중의 이해를 확인한다. 만약 청중이 정확하게 이해하지 못한 부분이 확인된다면, 화자는 반드시 보다 쉽고 정확한 표현과 예시로 그 부분을 다시 설명해야 한다.

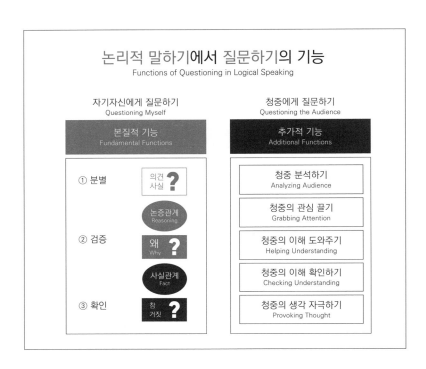

논리적 말하기에서 질문하기의 기능
Functions of Questioning in Logical Speaking

자기자신에게 질문하기
Questioning Myself

본질적 기능
Fundamental Functions

① 분별 의견 사실 **?**

논증관계 Reasoning
② 검증 왜 **?** Why
사실관계 Fact
③ 확인 참 거짓 **?**

청중에게 질문하기
Questioning the Audience

추가적 기능
Additional Functions

청중 분석하기
Analyzing Audience

청중의 관심 끌기
Grabbing Attention

청중의 이해 도와주기
Helping Understanding

청중의 이해 확인하기
Checking Understanding

청중의 생각 자극하기
Provoking Thought

다섯째, '청중의 생각 자극하기'라는 질문의 추가적 기능이다. 논리적 말하기에서 결론의 구성 요소 중 하나인 '추가진술'은 자신의 주장을 부정하지 않는 범위 내에서 자연스럽게 말을 마무리하도록 도와주는 것이다. 따라서, 질문의 형식으로 추가진술을 구성하여 지금까지 수행된 논리적 말하기의 영역을 넘어선 부분까지 상상해 볼 수 있도록 청중의 생각을 자극하는 것이다. 예를 들어, "만약 여러분이 OOO의 입장이라면, 과연 어떤 선택을 하시겠습니까?", "만약 우리가 오늘 OOO이라는 선택을 한다면, 50년 후 지구의 모습은 어떨까요?", "만약 여러분이 OOO이라는 저의 의견에 동의하신다면, 이

제부터 여러분이 해야 할 일은 무엇일까요?", "만약 여러분이 OOO 한다면, 과연 어떤 결과가 발생할까요?" 등과 같은 질문을 통해 청중의 생각을 자극한다.

질문은 청중의 동의와 설득이라는 논리적 말하기의 궁극적 목표에 기여하는 강력한 힘을 가지고 있다. 의견과 사실의 분별, 논증관계의 검증, 사실관계의 확인을 위한 3가지 질문을 자기자신에게 던짐으로써 '논지, 소주제, 근거' 간에 논증성 평가를 수행한다. 또한, 청중에 대한 질문을 통해 청중 분석하기, 청중의 관심 끌기, 청중의 이해 도와주기, 청중의 이해 확인하기, 청중의 생각 자극하기의 기능도 수행한다. 특히, 질문을 통한 사실관계의 확인은 기본이다. 논리적 말하기에서는 '왜?'와 '어떻게?'를 통한 논증관계의 검증과 해결방법의 모색이 매우 중요하다. 물론, '만약 ~라면?'을 통한 상상력의 자극도 필요하다. 최근 생성형 인공지능 ChatGPT의 등장 이후, 특히 '왜?, 어떻게?, 만약 ~라면?'을 중심으로 한 질문하기의 중요성은 더욱 커지고 있다.

질문은
청중의 동의와 설득이라는
논리적 말하기의
궁극적 목표에 기여하는
강력한 힘을 가지고 있다.

2.5. 시각 자료의 활용

　청중의 동의와 설득이라는 논리적 말하기의 궁극적 목표의 달성을 위해 도움이 되는 다양한 종류의 보조 도구들이 있다. 우선, 청각 자료는 분위기를 형성하고 감정을 전달하는데 매우 효과적이다. 예를 들어, 밝고, 긍정적이며, 안정적인 분위기를 만들기 위해서 논리적 말하기를 시작하기에 앞서 경쾌한 피아노 연주곡을 틀 수 있다. 청중의 감성에 호소하기 위해서는 슬프거나 격정적인 음악을 활용할 수도 있다. 한편, 시청각 자료는 생생하고 실감나는 경험을 제공함으로써 청중의 이해를 높이는데 매우 효과적이다. 예를 들어, 어떤 제품의 사용 방법이나 실험 과정을 동영상으로 보여줄 수 있다. 자신의 주장을 뒷받침하기 위한 근거로 전문가의 인터뷰 동영상을 활용할

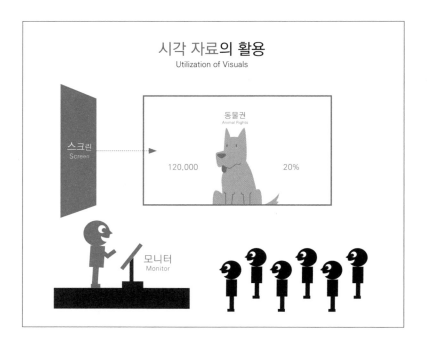

수도 있다.[69] 이에 더해, 물리적 실체가 있는 물건을 직접 가지고 와서 청중에게 보여줄 수도 있다.

《한서漢書》〈조충국전趙充國傳〉에서 나온 '백문불여일견百聞不如一見' 즉, '백 번 듣는 것이 한번 보는 것과 같지 않다.'라는 유명한 말은 논리적 말하기에도 동일하게 적용된다. 다만, 논리적 말하기의 수행에 있어 현실적으로 가장 많이 활용되는 것은 시각 자료이다. 예를 들어, 애플의 키노트 혹은 마이크로소프트의 파워포인트와 같은 프

---

69. 다만, 시청각 자료에 대한 지나친 의존은 '화자'는 물론 '논리적 말하기' 자체에 대한 청중의 주목과 관심을 떨어트릴 수도 있다.

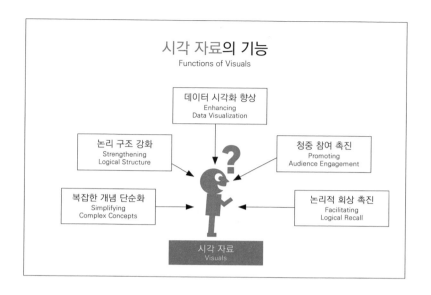

시각 자료의 기능
Functions of Visuals

데이터 시각화 향상
Enhancing
Data Visualization

논리 구조 강화
Strengthening
Logical Structure

청중 참여 촉진
Promoting
Audience Engagement

복잡한 개념 단순화
Simplifying
Complex Concepts

논리적 회상 촉진
Facilitating
Logical Recall

시각 자료
Visuals

로그램을 활용하여 만든 슬라이드를 스크린에 띄워 놓고 논리적 말하기를 수행하는 경우가 대부분이다. 청중이 볼 수 있는 대형 스크린이 화자 뒤에 설치되어 있고, 화자만 볼 수 있는 소형 모니터가 화자 앞에 놓여 있는 경우가 일반적이다. 다만, 시각 자료의 역할은 결코 주연이 아니고 논리적 말하기를 돕는 조연에 불과하다는 사실을 명심해야 한다. 다음과 같은 5가지 기능을 수행함으로써, 시각 자료는 논리적 말하기에 큰 도움이 된다.

첫째, 시각 자료는 복잡한 개념을 단순화시켜 주는 기능을 한다. 예를 들어, 화자가 '핵분열'과 '원자력'이라는 복잡한 개념을 청중에게 설명한다고 가정해 보자. 만약 "핵분열이란 우라늄 235의 원자핵이 중성자를 흡수해서 2개의 다른 원자핵으로 분열하는 것입니다. 이때 분열하는 원자핵은 전혀 다른 물질로 변화하면서 엄청난 열을

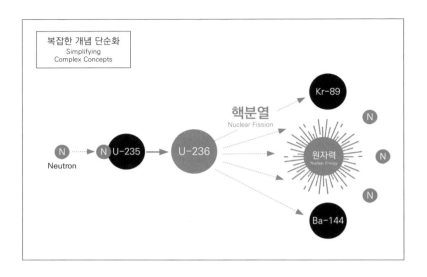

발생하게 되는데, 이것이 바로 핵에너지 즉, 원자력입니다."라고 오로지 말로만 설명한다면, 청중의 입장에서는 너무 어렵고 복잡하다고 느낄 가능성이 매우 크다. 이에 반해, 다이어그램, 순서도, 인포그래픽 등과 같은 시각 자료를 함께 활용해서 말로 설명한다면, 청중이 보다 쉽고 정확하게, 그리고 빠르게 이해할 가능성이 크다. 왜냐하면 인간의 뇌는 텍스트에 비해 시각 정보를 약 6만 배 이상 빠르게 처리하기 때문이다.[70]

둘째, 시각 자료는 논리 구조를 강화시켜 주는 기능을 한다. 시각 자료는 화자가 수행하는 논리적 말하기 전체에 대한 시각적 구조

---

70. See "5 Reasons to Use Visual Aids for Speeches and Presentations", *Microsoft 365 Life Hacks* (27 July 2021), available at www.microsoft.com/en-us/microsoft-365-life-hacks/presentations/five-reasons-to-use-visual-aids-for-speeches-and-presentations, accessed November 2023.

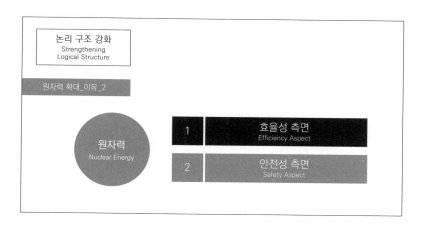

를 제공하여 청중으로 하여금 논리적 흐름을 보다 쉽게 따라갈 수 있도록 도와준다. 글머리 기호, 번호가 매겨진 목록, 계층 구조 등과 같은 시각적 단서를 활용하여 말하기 전체의 논리적 흐름을 보다 명확하게 보여준다. 예를 들어, "원자력 확대_이유_2"와 같이 해당 슬라이드의 상단 왼쪽 혹은 오른쪽에 논리 구조를 보여주는 타이틀을 붙일 수 있다. 이에 더해, "1. 효율성 측면", "2. 안전성 측면" 등과 같이 논리적 흐름을 보여주는 번호가 매겨진 목록 혹은 목차를 제시할 수도 있다. 이러한 시각적 구성을 활용하여 화자의 주장을 보다 일관되고 체계적으로 제시하면, 논리적 말하기 전체의 명확성과 설득력은 더욱 높아진다.

셋째, 시각 자료는 데이터 시각화를 향상시켜 주는 기능을 한다. 논리적 말하기의 성공적인 수행을 위해 자신의 주장을 뒷받침하는 근거로 데이터나 통계 정보를 제시하는 경우가 많다. 예를 들어, "2021년 테라와트시 전기 생산 당 사망자 수"라는 통계를 원자력의

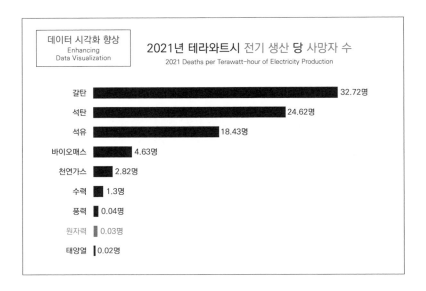

데이터 시각화 향상
Enhancing
Data Visualization

2021년 테라와트시 전기 생산 당 사망자 수
2021 Deaths per Terawatt-hour of Electricity Production

갈탄	32.72명
석탄	24.62명
석유	18.43명
바이오매스	4.63명
천연가스	2.82명
수력	1.3명
풍력	0.04명
원자력	0.03명
태양열	0.02명

안전성을 뒷받침하는 근거로 제시한다고 가정해 보자. 통계 회사 '스테티스타'의 2023년 자료에 따르면, 갈탄 32.72명, 석탄 24.62명, 석유 18.43명, 바이오매스 4.63명, 수력 1.3명, 풍력 0.04명 등에 비해, 원자력으로 인한 사망자의 수는 단지 0.03명에 불과하다.[71] 이와 같이 그래프, 차트, 표 등과 같은 시각 자료는 데이터를 보다 효과적으로 표현하여 청중이 관련 데이터를 보다 쉽게 해석하고 분석할 수 있도록 도와준다. 또한 데이터 시각화는 비교, 추세 파악, 인사이트 도출 등에도 용이하다.

　넷째, 시각 자료는 청중의 참여를 촉진시켜 주는 기능을 한다.

---

71. See "Global Mortality Rate of Electricity Production 2021, by Source", *Statista Research Department* (9 March 2023), available at www.statista.com/statistics/1324252/global-mortality-from-electricity-production/, accessed November 2023.

청중 참여 촉진
Promoting
Audience Engagement

인간은 본질적으로 시각적 자극에 크게 반응한다. 따라서 사진, 이미지 등과 같은 시각 자료를 적절하게 활용하면 호기심을 자극하고, 흥미를 불러일으키며, 주의를 끄는 등 논리적 말하기가 수행되는 동안 청중의 적극적 참여를 계속해서 유지할 수 있다. 특히, 시각 자료는 청중과의 감정적 연결 즉, 청중의 감성에 호소하는 설득에 탁월한 효과가 있다. 예를 들어, 원자력 발전소의 위험성을 주장하는 경우, 이를 뒷받침하는 여러 가지 근거를 논리적으로 제시함으로써 청중의 이성에 호소하는 것이 원칙이다. 다만, 원자력 발전소 폭발 사고를 표현하는 위와 같은 이미지[72] 혹은 실제 사진을 함께 보여주는 방법으로 청중의 감성에도 호소한다면, 보다 큰 청중의 동의를 얻는 논리

---

72. Microsoft Bing의 AI 이미지 생성기를 통해 만들어진 이미지이다.

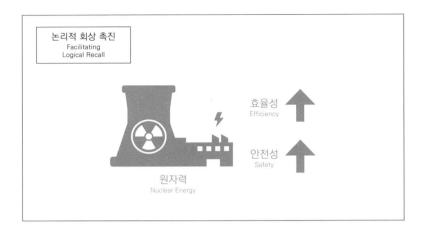

적 말하기가 될 것이다.

마지막으로, 시각 자료는 논리적 회상을 촉진시켜 주는 기능을
한다. 일반적으로 사람들은 순수한 텍스트 정보에 비해 시각적 이미
지 정보를 더 잘 기억하는 경향이 있다. 따라서 시각 자료는 청중이
논리적 말하기를 통해 전달 받은 정보를 오랫동안 정확하게 기억하
고 유지하는 데 큰 도움이 된다. 예를 들어, 원자력 발전소의 확대를
지지하는 논지, 높은 효율성과 안전성이라는 2개의 소주제, 그리고
그것을 뒷받침하는 충분한 근거를 전달하는 논리적 말하기를 수행한
다고 가정해 보자. 만약 위와 같은 시각 자료를 담고 있는 슬라이드
로 논리적 말하기를 마무리하면 어떨까? 아마도 이 슬라이드는 청중
으로 하여금 논리적 말하기의 전체 내용을 한눈에 다시 정리할 수 있
도록 도와주는 것은 물론이고, 이후에도 오랫동안 정확하게 기억할
수 있도록 도와줄 것이다.

제3장
논리적 말하기의 실제

발표 "동물권 인정"

3.1. 이해하기

지금까지 논리적 말하기의 성공적인 수행을 위해 필요한 기초적 개념과 다양한 기술에 대해 설명했다. 이제 구체적 사례를 활용하여 논리적 말하기의 대표적인 유형인 프레젠테이션 즉, 발표가 과연 어떻게 수행되는지를 (1) 이해하기, (2) 브레인스토밍하기, (3) 개요짜기, (4) 질문과 답변 준비하기, (5) 말하기라는 5단계를 거쳐서 자세하게 설명하겠다. 다음의 지문은 영국의 공리주의 철학자인 제레미 벤담이 1789년에 발표한 『도덕과 입법의 원칙에 대한 서론』이라는 책의 일부를 발췌해서 번역한 것이다.[73] 먼저 지문부터 꼼꼼하게 읽어

---

73. Jeremy Bentham, *An Introduction to the Principles of Morals and Legislation* (Oxford University Press, 1823), p. 311. 발췌된 부분의 영어 원문은 다음과 같다: "The day may come, when the rest of the animal creation may acquire those rights which never could have been withholden from them but by the hand of tyranny. The French have already discovered that the blackness of the skin is no reason why a human being should be abandoned without redress to the caprice of a tormentor. It may come one day to be

제레미 벤담
『도덕과 입법의 원칙에 대한 서론』(1789)

Jeremy Bentham
(1748~1832)

" 인간 이외의 동물들도 폭군의 손에 의해서가 아닌 이상 그 누구에게도 빼앗기지 않을 권리를 획득하게 되는 그런 날이 언젠가는 올 수도 있다. 피부가 검다는 것이 인간을 아무런 보상 없이 제멋대로 학대해도 되는 이유가 될 수 없다는 사실을 프랑스 사람들은 이미 깨달았다. 다리의 개수, 피부의 긴 털, 엉치뼈가 없다는 것 또한 민감한 존재를 학대받을 운명으로 내 몰 수 있는 근거로서 충분하지 않다는 사실을 인정하는 그런 날이 언제가는 올 수도 있다. 그렇다면 어떤 특징이 뛰어넘을 수 없는 경계선이 될 수 있는가? 이성 능력인가 혹은, 어쩌면, 대화 능력인가? 그러나 완전히 성장한 말이나 개는 태어난 지 하루, 일주일, 혹은 심지어 한 달된 갓난아이와는 비교할 수 없을 만큼 더 이성적이고 더 대화를 잘하는 동물이다. 그러나 그렇지 않다고 가정해 보면, 어떤 특징이 도움이 될까? 문제는 그들이 이성적으로 사고할 수 있는지 혹은 그들이 말할 수 있는지가 아니라, 그들이 고통을 느낄 수 있는지이다. "

보고, 논리적 말하기의 첫 번째 단계인 이해하기를 연습해 보자. 이해하기 단계의 핵심은 '이슈'를 파악하고, 이슈에 대한 자신의 주관적 의견인 '논지'를 결정하며, 이슈와 논지 간에 '연관성 평가'를 수행하는 것이다.

첫째, 논쟁의 대상 즉, '이슈'를 정확하게 파악하라. 지문에 따르면, 보편적 인권의 개념이 급속도로 확대되던 18~19세기 영국의 공리주의 철학자 제레미 벤담은 "인간 이외의 동물들도 …… 빼앗기지

---

recognized, that the number of the legs, the villosity of the skin, or the termination of the *os sacrum*, are reasons equally insufficient for abandoning a sensitive being to the same fate. What else is it that should trace the insuperable line? Is it the faculty of reason, or, perhaps, the faculty of discourse? But a full-grown horse or dog is beyond comparison a more rational, as well as a more conversable animal, than an infant of a day, or a week, or even a month, old. But suppose the case were otherwise, what would it avail? the question is not, Can they *reason*? nor, Can they *talk*? but, Can they *suffer*?"

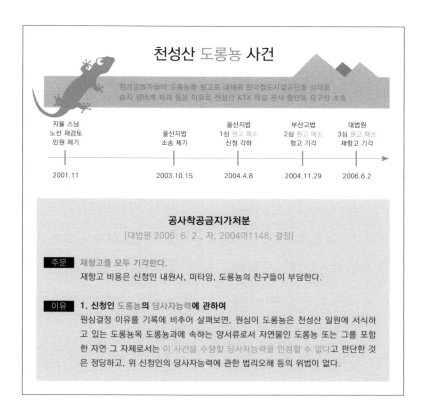

천성산 도롱뇽 사건

환경운동가들이 도롱뇽을 원고로 내세워 한국철도시설공단을 상대로
습지 생태계 파괴 등을 이유로 천성산 KTX 터널 공사 중단을 요구한 소송

지율 스님 노선 재검토 민원 제기	울산지법 소송 제기	울산지법 1심 원고 패소 신청 각하	부산고법 2심 원고 패소 항고 기각	대법원 3심 원고 패소 재항고 기각
2001.11	2003.10.15	2004.4.8	2004.11.29	2006.6.2

공사착공금지가처분

[대법원 2006. 6. 2., 자, 2004마1148, 결정]

주문 재항고를 모두 기각한다.
재항고 비용은 신청인 내원사, 미타암, 도롱뇽의 친구들이 부담한다.

이유 **1. 신청인 도롱뇽의 당사자능력에 관하여**
원심결정 이유를 기록에 비추어 살펴보면, 원심이 도롱뇽은 천성산 일원에 서식하
고 있는 도롱뇽목 도롱뇽과에 속하는 양서류로서 자연물인 도롱뇽 또는 그를 포함
한 자연 그 자체로서는 이 사건을 수행할 당사자능력을 인정할 수 없다고 판단한 것
은 정당하고, 위 신청인의 당사자능력에 관한 법리오해 등의 위법이 없다.

않을 권리를 획득하게 되는 그런 날이 언젠가는 올 수도 있다."라고
말한다. 특히, 동물이 인간과 마찬가지로 고통을 느낄 수 있는지 여
부가 동물권의 인정 여부를 결정하는 핵심이라고 설명한다. 동일한
맥락에서, 호주 출신의 세계적 철학자인 프린스턴대학교 피터 싱어
교수는 동물권을 인정한다.[74] 한편, 한국에서 벌어졌던 동물권 관련

---

74. 예를 들어, 동물 실험에 대한 피터 싱어의 견해는 다음과 같다. "인간의 갓난아이를 대상으로는 실험할 준비가
되어 있지 않다면서 동물을 대상으로는 실험할 준비가 되어 있다고 말하는 것은 종을 근거로 한 정당화될 수 없는
차별이다. 왜냐하면 성체 유인원, 원숭이, 고양이, 쥐 등의 동물들이 인간 갓난아이보다 자신에게 일어나는 일에 대해

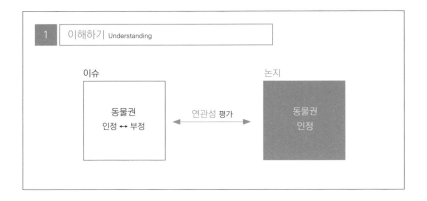

논쟁의 대표적인 사례는 소위 '천성산 도롱뇽 사건'이다. 도롱뇽에게는 소송을 제기할 당사자능력이 없다고 일관되게 판결함으로써, 사법부는 일체의 동물권을 부정했다. 이와 같이, '동물권' 관련 논쟁 즉, '동물권의 인정과 부정'이 논쟁의 대상인 이슈이다.

둘째, 이슈에 대한 자신의 '논지'를 결정하라. '동물권 인정'과 '동물권 부정'이라는 서로 다른 의견이 충돌하는 이슈에 대한 자신의 비판적 의견을 결정해야 한다. 다만, '비판'과 '비난'은 전혀 다른 개념이라는 사실에 주목해야 한다. "시시비비를 판단"[75]하는 비판은 어떤 의견이 왜 옳고 왜 그른지에 대해 판단하는 것인 반면, "남의 잘못이나 결점을 책잡아 나쁘게 말하는"[76] 비난은 어떤 의견에 대해 일단 무조건 반대하는 것을 의미한다. 동물권을 인정하든, 부정하든 혹은

더 잘 알고, 더 자기주도적이며, 우리가 알고 있는 한 적어도 갓난아이만큼 고통에 민감하기 때문이다." See Peter Singer, *Animal Liberation Now: The Definitive Classic Renewed* (Harper, 2023), pp. 81-82.

75. 국립국어원 표준국어대사전.

76. 국립국어원 표준국어대사전.

제3의 의견을 가지든 상관없이, 오로지 '왜냐하면'이라는 이유에 근거한 자신만의 비판적 의견을 결정해야 한다. 다시 말해, 이유가 되는 주장인 2개의 '소주제'와 각각의 소주제를 뒷받침하는 충분한 '근거'를 가지고 있는 자신만의 비판적 의견 즉, 논지를 결정해야 한다. 예를 들어, '동물권 인정'을 논지로 결정할 수 있다.

셋째, 이슈와 논지 간의 관계에 대해 연관성 평가를 수행하라. 다시 말해, 앞서 결정한 자신의 비판적 의견 즉, 논지가 앞서 파악한 이슈에 대해 얼마나 직접적으로 연관되어 있는지를 스스로 평가해야 한다. 예를 들어, '동물을 대상으로 하는 실험에 반대', '동물의 서식지를 파괴하는 개발에 반대', '식용을 위한 사냥과 도축에 반대' 등과 같은 표현보다 '동물권 인정'이 연관성 평가의 측면에서 좀더 직접적이다. 달리 표현하면, 자신의 논지가 제시된 지시사항을 얼마나 직접적으로 완벽하게 이행했는지를 평가해야 한다. 예를 들어, "동물권의 인정 혹은 부정 관련 논쟁에 대한 자신의 비판적 의견을 제시하시오."라는 지시사항이 있다면, '동물권 인정'이라는 답변은 직접적인 이행이 된다. 따라서, '동물권의 인정과 부정'이라는 이슈와 '동물권 인정'이라는 논지의 관계는 연관성 평가를 통과한다.

결론적으로, 논리적 말하기의 대표적인 유형인 프레젠테이션 즉, 발표의 1단계 이해하기는 이슈를 파악하고, 논지를 결정하며, 연관성 평가를 수행하는 작업이다. 다시 말해, 논리적 분석을 통해 논쟁의 대상이 되는 이슈를 정확하게 파악하고, 본격적인 논리적 사고의 과정에 앞서 자신이 가지고 있는 철학, 관점, 직관 등에 근거해서 자신만의 비판적 의견인 논지를 결정하고, 이슈와 논지 간의 관계에 대해 연관성 평가를 꼼꼼하게 수행하는 것이다. 물론 여기에서 결정된 논지가 추후 본격적인 논리적 사고의 과정을 거쳐 수정될 수도 있다. 연관성 평가는 추후 3단계 개요짜기에서 다시 한번 진행된다. 이해하기에 문제가 생기면 'Off-Topic' 즉, 주제와 상관없는 엉뚱한 말하기를 하게 된다. 이해하기는 논리적 말하기 전체를 통해 전개될 논리의 방향성과 최종 목적지를 결정하는 매우 중요한 작업이다.

3.2. 브레인스토밍하기

논리적 말하기의 두 번째 단계는 브레인스토밍하기이다. 뉴욕시에 소재한 세계적인 광고회사 BBDO의 공동창립자인 알렉스 오스본이 1948년에 저술한 책[77]에서 처음으로 제시되었던 '브레인스토밍'이라는 용어는 "한 그룹의 사람들이 보다 신중한 고려에 앞서 많은 생각을 매우 빨리 제안하는 것"[78] 즉, 회사 혹은 팀의 창의적 아이디어 개발 방식을 의미한다. 한편, 논리적 말하기의 2단계 브레인스토밍하기는 "보다 신중한 고려" 즉, 3단계 개요짜기에 앞서 이것저것 다양한 생각을 최대한 많이 쏟아내는 과정이다. 물론, 이렇게 쏟아내는 생각들이 결코 논리적일 수는 없다. 다만, 추상적 '생각'을 활용한

---

77. See Alex Osborn, *Your Creative Power: How to Use Imagination* (Dell Publishing Company, 1948).

78. The term 'Brainstorm' refers to "(of a group of people) to suggest a lot of ideas for a future activity very quickly before considering some of them more carefully." Cambridge Dictionary.

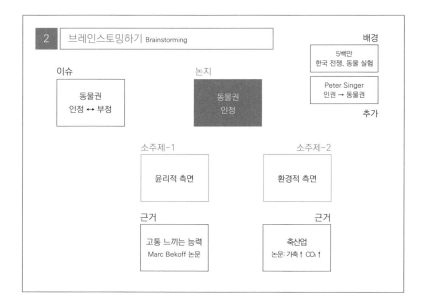

다음 3가지 작업을 통해, 향후 효과적인 3단계 개요짜기에 필요한 다양한 소재를 최대한 많이 확보하는 것이 2단계 브레인스토밍하기의 본질이자 목적이다.

첫째, 브레인스토밍하기 도표를 반드시 사용하라. 만약 논리적 말하기를 준비하는데 무한대의 시간이 주어진다면, 아무런 제약 없이 그저 생각나는 대로 자유롭게 브레인스토밍을 하면 된다. 그러나 의식이 흐르는 대로 자연스럽게 떠오르는 모든 생각을 아무렇게나 정리하게 되면, 정작 가장 중요한 3단계 개요짜기에서 훨씬 더 많은 시간과 노력이 필요하게 된다. 물론, 논리적 말하기를 수행하는 대부분의 경우에는 일반적으로 분명한 시간적 제한이 있다. 따라서 브레인스토밍하기 도표를 반드시 활용하여, 논지, 소주제, 근거 간에 주

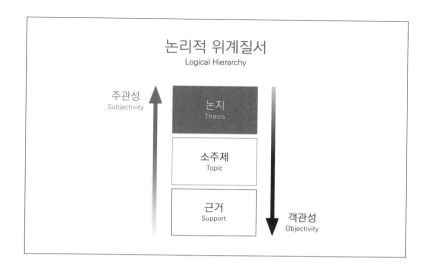

관성·객관성 기준 최소한의 '논리적 위계질서'를 만들어야 한다. 끊임없이 떠오르는 수많은 생각들을 최소한 '논지'의 이유가 되는 주장인 '소주제'와 그러한 소주제를 뒷받침하는 '근거'로 각각 분류할 수 있어야 한다.

둘째, 논지의 이유가 되는 주장 즉, 2가지 소주제를 생각하라. 예를 들어, 1단계 이해하기를 통해 '동물권의 인정과 부정'이라는 이슈에 대해 '동물권 인정'이라는 자신의 비판적 의견 즉, 논지를 이미 결정했다. 이제 논지에 대한 '이유가 되는 주장' 즉, 논지를 뒷받침하는 소주제를 최소한 2가지 생각해야 한다. '정치적 측면, 경제적 측면, 윤리적 측면, 도덕적 측면, 환경적 측면, 생태적 측면' 등 다양한 소주제가 떠올랐지만, 최종적으로 '윤리적 측면'과 '환경적 측면'을 다루는 소주제를 결정했다. 주목해야 할 점은 소주제에 담긴 추상적

'생각'이 반드시 논지에 대한 분명한 이유가 되어야 한다는 것이다. 즉, '윤리적 측면에서 동물권 인정'이라는 소주제와 '환경적 측면에서 동물권 인정'이라는 2가지 소주제는 각각 '동물권 인정'이라는 논지를 뒷받침하는 분명한 이유가 되어야 한다.

셋째, 각각의 소주제를 뒷받침하는 객관적 '사실'에 기반한 충분한 근거를 생각하라. 소주제는 자신의 주관적 '의견'인 논지에 대한 이유이다. 그러나 소주제는 논지에 비해서는 좀더 객관적 '사실'에 가깝다. 동시에 소주제는 여전히 객관적 '사실'에 의해 추가적으로 논증되어야 하는 주관적 '의견'에 불과하다. 예를 들어, '윤리적 측면에서 동물권 인정'이라는 소주제와 '환경적 측면에서 동물권 인정'이라는 소주제는 각각 '동물권 인정'이라는 자신의 논지를 뒷받침하는 분명한 이유이다. 그러나 '윤리적 측면에서 동물권 인정'과 '환경적 측면에서 동물권 인정'은 모두 추가적인 뒷받침이 필요한 주관적 '의견'이다. 따라서 예시에서는 '고통 느끼는 능력, Marc Bekoff 논문'과 '축산업, 논문: 가축↑ CO_2↑' 등과 관련된 객관적 '사실'에 기반한 근거를 생각했다.

결론적으로, 논리적 말하기의 대표적인 유형인 프레젠테이션 즉, 발표의 2단계 브레인스토밍하기는 브레인스토밍하기 도표를 반드시 사용하고, 논지의 이유가 되는 소주제 2가지를 생각하며, 각각의 소주제를 뒷받침하는 충분한 근거를 생각하는 작업이다. 이에 더해, 청중의 관심을 끌 수 있는 '배경'과 자연스럽게 마무리할 수 있는 '추가'를 준비한다. 예를 들어, '500만, 한국 전쟁, 동물 실험'과

'Peter Singer, 인권, 동물권' 등과 관련된 객관적 '사실'을 각각 배경진술과 추가진술로 생각했다. 자연적인 인간의 생각은 논리적이지 않다. 즉, 논리는 자연적이지 않고 인위적이다. 결국 논리적 말하기의 2단계 브레인스토밍하기는 3가지 평가를 통해 논리 구조를 만드는 3단계 개요짜기에 앞서 장차 논리 구조를 형성할 말하기의 원재료 즉, 다양한 소재를 최대한 많이 만들어 내는 창조적 과정이다.

논지, 소주제, 근거 간에
주관성·객관성 기준
최소한의
'논리적 위계질서'를
만들어야 한다.

3.3. 개요짜기

    논리적 말하기의 세 번째 단계는 개요짜기이다. 1단계 이해하기와 2단계 브레인스토밍하기를 성공적으로 수행한 결과 만들어진 수많은 자연적인 생각을 연관성 평가, 논증성 평가, 균형성 평가라는 3가지 검증 도구를 활용하여 논리라는 인위적인 틀 속에 집어넣는 과정이 3단계 개요짜기이다. 비유로 설명하자면, 자연적이고 비논리적이며 파편적인 '생각'이라는 '구슬'을 논증성 평가, 균형성 평가, 연관성 평가로 이루어진 '논리'라는 '삼색실'에 꿰어 인위적이고 논리적이며 온전한 '말하기'라는 '목걸이'를 만드는 것이 개요짜기의 본질이자 목적이다. 다시 말해, 개요짜기는 비논리적인 생각을 논리적으로 전환시키는 '논리적 말하기'의 가장 중요한 핵심 단계이다. 따라서 다음 3가지에 초점을 맞추어 최대한 많은 시간과 노력을 개요짜기에 쏟아야 한다.

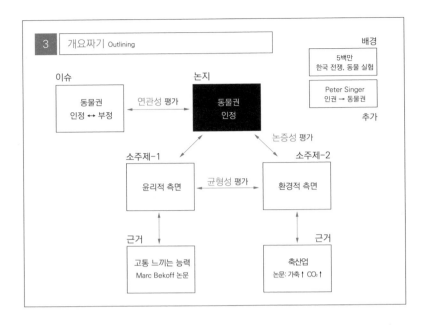

첫째, 이슈와 논지 간의 관계에 대해 연관성 평가를 수행하라. 만약 연관성 평가에 문제가 발생하면, 이슈 혹은 주제와는 아무런 상관없는 엉뚱한 말하기를 하게 된다. 1단계 이해하기에서 한 차례 수행되었던 연관성 평가에 아무런 문제가 없었는지를 3단계 개요짜기에서 추가적으로 검증하는 것이다. 결국 연관성 평가의 본질은 자신의 논지가 제시된 이슈에 대해 얼마나 직접적으로 연관되어 있는지 혹은 제시된 지시사항을 얼마나 직접적으로 이행했는지를 검증하는 것이다. 예를 들어, '동물권의 인정과 부정'이라는 이슈에 대해 '동물권 인정'이라는 논지는 직접적으로 연관되어 있다. 또한 "동물권의 인정 혹은 부정 관련 논쟁에 대한 자신의 비판적 의견을 제시하시오."라는 지시사항에 대해 '동물권 인정'이라는 논지는 해당 지시사

항을 직접적으로 이행한 것이다.

둘째, 논지와 소주제, 소주제와 근거 간의 관계에 대해 논증성 평가를 수행하라. 논지는 이슈에 대한 자신의 주관적 '의견'이다. 따라서 '왜냐하면'이라는 이유 즉, 소주제를 반드시 준비해야 한다. 소주제 또한 자신의 주관적 '의견'에 불과함으로 '왜냐하면'이라는 이유 즉, 객관적 '사실'에 기반한 충분한 근거를 반드시 준비해야 한다. 결국 논증성 평가의 본질은 자신이 준비한 논지, 소주제, 근거 간에 '왜?'와 '왜냐하면'이라는 논증관계가 성립하는지를 검증하는 것이다. 예를 들어, '동물권 인정'이라는 논지에 대해 '윤리적 측면에서 동물권 인정'이라는 소주제는 그 이유가 된다. 또한 '고통 느끼는 능력, Marc Bekoff 논문' 등과 관련된 객관적 '사실'에 기반한 근거는 '윤리적 측면에서 동물권 인정'이라는 소주제의 이유가 된다. 따라서 논증성 평가를 통과한다.

셋째, 소주제와 소주제 간의 관계에 대해 균형성 평가를 수행하라. 2가지 소주제는 각각 논지에 대해 논증성 평가를 통과하는 이유가 되어야 한다. 동시에 2가지 소주제는 서로 간에 그 내용과 형식이 대등하고 균형적이며 독립적이고 배타적이어야 한다. 결국 균형성 평가의 본질은 2가지 소주제의 관계를 검증하는 것이다. 만약 소주제를 '윤리적 측면'과 '도덕적 측면'이라는 2가지로 나누었다면, 소주제 간의 균형성은 무너진다. 왜냐하면, "사람으로서 마땅히 행하거나 지켜야 할 도리"[79]를 의미하는 윤리와 "사회의 구성원들이 마땅히 지켜야 할 행동 준칙이나 규범의 총체"[80]를 의미하는 도덕은 그 개념상 배타적이지 않고 중첩되기 때문이다. 한편, 예시로 제시된 '윤리적 측면'과 '환경적 측면'이라는 2가지 소주제의 관계는 균형성 평가를 분명하게 통과한다.

결론적으로, 논리적 말하기의 대표적인 유형인 프레젠테이션 즉, 발표의 3단계 개요짜기는 연관성 평가, 논증성 평가, 균형성 평가라는 3가지 도구를 활용하여, 자신이 준비한 논지, 소주제, 근거 간의 논리적 흐름을 꼼꼼하게 그리고 최종적으로 검증하는 과정이다. 다시 말해, 연관성 평가, 논증성 평가, 균형성 평가를 통해 자연적이고 비논리적이며 파편적인 '생각'을 '논리'라는 인위적인 틀에 집어넣는 것이 3단계 개요짜기이다. '논리적 말하기'는 그 형식이 '말하기'이고 그 본질이 '논리'이다. 따라서 논리를 만드는 단계인 개요짜기가 논리적 말하기의 본질이자 핵심이다. 한편, '논증성 평가'와 '균형성 평가'라는 개념 대신, 미국의 경영컨설턴트인 바바라 민토가 제시했던 소위 'MECE 원칙'이라는 용어로 소주제에 대한 검증을 설명하기도 한다.[81]

---

79. 국립국어원 표준국어대사전.

80. 국립국어원 표준국어대사전.

81. 'MECE 원칙'은 1960년대 후반 McKinsey & Company의 Barbara Minto에 의해 제시된 개념이다. 'MECE'란 'Mutually Exclusive & Collectively Exhaustive'의 약자로서, '상호배제와 전체포괄'을 의미한다. See Barbara Minto, *The Pyramid Principle: Logic in Writing and Thinking* (Minto International Inc. 1987).

3.4. 질문과 답변 준비하기

논리적 말하기의 네 번째 단계는 질문과 답변 준비하기이다. '자신이 잘 답변할 수 있는 것'을 청중이 질문할 수밖에 없도록 적극적으로 유도하고, 그 질문에 대한 충분한 답변을 사전에 미리 준비하는 것이 질문과 답변 준비하기의 핵심이다. 논리적 글쓰기의 경우와는 다르게, 논리적 말하기에서는 청중과의 직접 대면이라는 특징 때문에 말하기가 끝난 후 청중이 화자에게 직접 질문할 가능성이 매우 크다. 따라서 아무리 시간이 부족해도 최소한 '핵심용어'를 활용한 질문과 답변은 반드시 준비해야 한다. 먼저, 논리적 말하기를 통해 자신이 전달하고자 하는 논지, 소주제, 근거를 표현할 수 있는 대표적인 핵심용어를 4가지 내외로 선정하고, ① 사전적 의미, ② 반대의 개념, ③ 구체적 예시 등을 중심으로 각각의 핵심용어에 대한 정확한 개념정의를 준비한다.

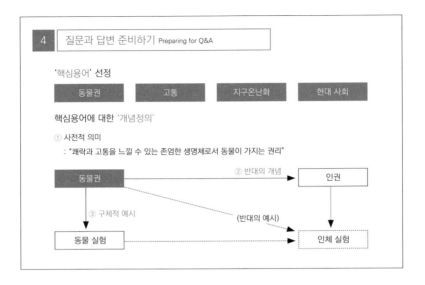

첫째, 핵심용어의 사전적 의미를 참고하라. 원칙적으로 무료 온라인 사전인 국립국어원 표준국어대사전과 Cambridge Dictionary의 사용을 권고한다. 이에 더해, 필요한 경우에 한해서 네이버 백과사전 혹은 Wikipedia와 같은 다양한 온라인 백과사전을 참고하는 것도 도움이 된다. 다만, 그저 참고한다는 것이지 특정 사전의 설명을 맹목적으로 수용해서는 안 된다. 예를 들어, '동물권'의 사전적 의미는 "쾌락과 고통을 느낄 수 있는 존엄한 생명체로서 동물이 가지는 권리"[82] 혹은 "좋은 대우를 받을 동물들의 권리"[83]이다. 한편, '고통'

---

82. 네이버 두산백과. 한편, '동물권'이라는 단어는 국립국어원 표준국어대사전에 등재되어 있지 않다. 이러한 사실은 우리 사회가 아직까지 '동물권'이라는 개념을 공식적으로 인정하고 있지 않다는 현실을 보여주는 하나의 증거이다.

83. The term 'Animal Rights' refers to "the rights of animals to be treated well, for example by not being used for testing drugs or by not being hunted." ('동물권'이라는 용어는 "예를 들어, 약물 실험에 사용되지 않거나 혹은 사냥되지 않는 것과 같이, 좋은 대우를 받을 동물들의 권리"를 지칭한다.) (밑줄 추가) Cambridge Dictionary.

이라는 용어는 "몸이나 마음의 괴로움과 아픔"[84] 혹은 "신체적으로 아픔을 겪는 느낌"[85]을 의미한다. 이에 더해, '지구온난화'와 '현대 사회'는 각각 "지구 기온의 점진적인 상승 현상"[86]과 "오늘날의 사회"[87]를 의미한다.

둘째, 핵심용어에 대한 반대의 개념을 제시하라. 어떤 개념을 설명할 때 상대방이 직관적으로 보다 쉽게 이해할 수 있도록 도와주는 간단한 방법은 반대의 개념을 제시하는 것이다. 예를 들어, 법적 권리의 주체가 동물인 '동물권'에 대한 반대의 개념은 법적 권리의 주체가 인간인 '인권'이다. 한편, 몸이나 마음의 괴로움과 아픔을 의미하는 '고통'의 반대 개념은 유쾌하고 즐거운 느낌인 '쾌락'이다. 또한, 지구의 온도가 점점 올라가는 현상인 '지구온난화'의 반대 개념은 지구의 온도가 점점 내려가는 현상인 '지구냉각화' 혹은 추위로 지구가 꽁꽁 얼어붙는 현상인 '지구결빙화'이다.[88] 이에 더해, 지금 우리가 살아가고 있는 '현대 사회'의 반대 개념은 16~18세기의 '근

---

84. 국립국어원 표준국어대사전.

85. The term 'Pain' refers to "a feeling of physical suffering caused by injury or illness." ('고통'이라는 용어는 "부상이나 질병으로 인해 신체적으로 아픔을 겪는 느낌"을 지칭한다.) (밑줄 추가) Cambridge Dictionary.

86. 국립국어원 표준국어대사전. The term 'Global Warming' refers to "a gradual increase in world temperatures caused by gases such as carbon dioxide that are collecting in the air around the earth and stopping heat escaping into space." ('지구온난화'라는 용어는 "지구 둘레의 대기에 모이고 우주로 열이 빠져나가는 것을 막는 이산화탄소와 같은 가스들에 의해 야기되는 지구 온도의 점진적인 상승"을 지칭한다.) (밑줄추가) Cambridge Dictionary.

87. 국립국어원 표준국어대사전. The term 'Contemporary' refers to "existing or happening now." ('현대의'라는 용어는 "현재 존재하거나 발생하고 있는"을 지칭한다.) Cambridge Dictionary.

88. 한국어 '지구냉각화'와 '지구결빙화'는 각각 영어 'Global Cooling'과 'Global Freezing'을 번역한 표현이다.

핵심용어의 개념정의
Definitions of Key Words

(존엄한 생명체로서 인간이 가지는 기본적 권리인) 인권의 반대 개념인 **동물권** 은 쾌락과 고통을 느낄 수 있는 존엄한 생명체로서 동물이 가지는 권리를 의미합니다. 예를 들어, 동물을 대상으로 진행되는 실험을 반대하는 시민단체의 시위, 사냥과 도축을 비난하는 채식주의자들의 육식 거부 등이 바로 동물권을 보여주는 구체적인 사례입니다.

(유쾌하고 즐거운 느낌인) 쾌락의 반대 개념인 **고통** 은 몸이나 마음의 괴로움과 아픔을 의미합니다. 예를 들어, 자동차 사고로 오른쪽 다리를 절단하는 신체적 아픔, 췌장암 말기 상태의 극심한 아픔, 3살 어린 딸을 백혈병으로 잃게 된 어머니의 정신적 충격 등이 바로 고통을 보여주는 구체적인 사례입니다.

(지구의 온도가 점점 내려가는 현상인) 지구냉각화의 반대 개념인 **지구온난화** 는 지구 기온의 점진적인 상승 현상을 의미합니다. 예를 들어, 북극과 남극에 있는 빙하의 크기와 두께가 감소하는 현상, 해수면 상승으로 침수 지역이 확대되고 있는 몰디브의 국가적 위기 등이 바로 지구온난화를 보여주는 구체적인 사례입니다.

(서구 유럽 기준 16~18세기의 사회인) 근대 사회의 반대 개념인 **현대 사회** 는 지금 우리가 살아가고 있는 사회를 의미합니다. 예를 들어, 스마트폰, 소셜미디어 등 디지털 기술의 급속한 발달, 민족과 국가를 초월한 지구공동체에 대한 관심의 증가 등이 바로 현대 사회를 보여주는 구체적인 사례입니다.

대 사회', 5~15세기의 '중세 사회', 기원전 3000년~기원후 476년의 '고대 사회' 등이다.[89]

　셋째, 예시를 통해 핵심용어의 의미를 구체화하라. 예를 들어, 동물을 대상으로 진행되는 실험을 반대하는 시민단체의 시위, 사냥과 도축을 비난하는 채식주의자들의 육식 거부 등이 동물권을 보여

---

89. 한국어 '고대 사회', '중세 사회', '근대 사회', '현대 사회'는 각각 영어 'Ancient Society', 'Medieval Society', 'Modern Society', 'Contemporary Society'를 번역한 표현이다. 한편, 한국사에서는 일반적으로 고조선부터 삼국시대까지를 '고대 사회', 통일신라부터 19세기 후반까지를 '중세 사회', 개항 이후부터 일제강점기까지를 '근대 사회', 광복 이후부터 현재까지를 '현대 사회'로 구분하기도 한다.

주는 구체적인 사례이다. 한편, 자동차 사고로 오른쪽 다리를 절단하는 신체적 아픔, 췌장암 말기 상태의 극심한 아픔, 3살 어린 딸을 백혈병으로 잃게 된 어머니의 정신적 충격 등이 고통의 구체적인 사례이다. 또한, 북극과 남극에 있는 빙하의 크기와 두께가 감소하는 현상, 해수면 상승으로 침수 지역이 확대되고 있는 몰디브의 국가적 위기 등이 지구온난화를 보여주는 구체적인 사례이다. 이에 더해, 스마트폰, 인터넷, 소셜미디어 등 디지털 기술의 급속한 발달, 민족과 국가를 초월한 지구공동체에 대한 관심의 증가 등이 현대 사회를 보여주는 구체적인 사례이다.

결론적으로, 논리적 말하기의 대표적인 유형인 프레젠테이션 즉, 발표의 4단계 질문과 답변 준비하기는 청중의 질문을 유도하고 질문에 대한 충분한 답변을 미리 준비하는 것이다. 사전적 의미를 참고하고, 반대의 개념을 제시하며, 예시를 통해 구체화함으로써, 최소한 주요 개념을 전달하는 4가지 내외의 핵심용어에 대한 정확한 개념정의는 준비해야 한다. 예를 들어, 청중에게 핵심용어인 '동물권'의 개념을 다음과 같이 분명하게 설명할 수 있도록 준비한다. "(존엄한 생명체로서 인간이 가지고 있는 권리인) 인권의 반대 개념인 동물권은 쾌락과 고통을 느낄 수 있는 존엄한 생명체로서 동물이 가지는 권리를 의미합니다. 예를 들어, 동물을 대상으로 진행되는 실험에 반대하는 시민단체의 시위, 사냥과 도축을 비난하는 채식주의자들의 육식 거부 등이 바로 동물권을 보여주는 구체적인 사례입니다."

논리적 말하기에서는
청중과의 직접 대면이라는 특징 때문에
말하기가 끝난 후
청중이 화자에게
직접 질문할 가능성이 매우 크다.

3.5. 말하기

　　논리적 말하기의 다섯 번째 단계는 말하기이다. 말하기란 1단계 이해하기, 2단계 브레인스토밍하기, 3단계 개요짜기를 통해 완성된 추상적 '생각'을 문단과 단락이라는 논리 형식에 맞추어 문장이라는 구체적 '표현'으로 변경하는 과정이다. 결국, 문장으로 말하기가 5단계 말하기의 본질이다. 주목해야 할 것은 말하기의 핵심이 '생각하지 않기'라는 점이다. 다시 말해, 그저 아무 생각 없이 말하기를 수행해야 한다. 물론 4단계 질문과 답변 준비하기의 경우에도 구체적 '표현'이 아닌 추상적 '생각'으로 작업을 수행해야 하지만, 논리적 말하기를 통해 청중에게 전달할 논지, 소주제, 근거 등 모든 내용은 원칙적으로 3단계 개요짜기에서 이미 마무리되었다. 따라서 논리적 말하기의 5단계 말하기는 다음과 같이 논지, 소주제, 근거를 구체적 문장으로 바꾸는 것이다.

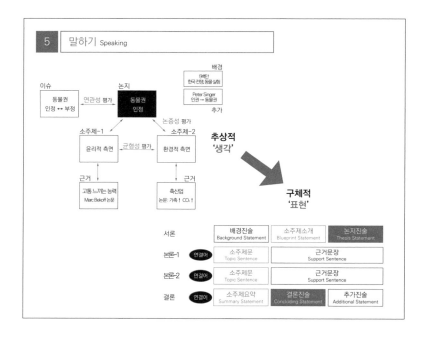

첫째, 논지를 논지진술과 결론진술로 각각 변경하라. 이슈에 대한 자신의 비판적 의견 즉, 논지를 서론에서는 논지진술이라는 문장으로, 그리고 결론에서는 결론진술이라는 문장으로 각각 구체화해야 한다. 비록 논지진술과 결론진술에 담긴 논지라는 추상적 '생각'은 동일하지만, 구체적 '표현'은 서로 다르게 변화를 주는 것이 바람직하다. 예를 들어, '동물권 인정'이라는 논지 즉, 추상적 '생각'을 각각 "이제 동물권을 반드시 인정해야 합니다."라는 논지진술과 "국내법상 동물권의 개념을 수용하는 것은 더 이상 미룰 수 없는 시대적 과제임이 틀림없습니다."라는 결론진술로 서로 다르게 구체화한다. 비록 논리적 글쓰기의 제목처럼 필수 요소는 아니지만, 논리적 말하

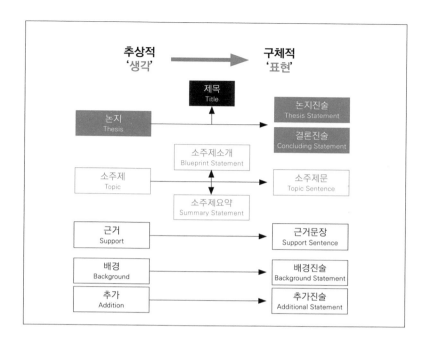

기에서도 논지를 분명하게 전달하는 명사구 형식의 제목을 준비하는 것이 바람직하다.

둘째, 2가지 소주제를 소주제문으로 각각 변경하라. 예를 들어, 논지를 뒷받침하는 이유인 '윤리적 측면'이라는 소주제를 본문-1의 첫 번째 문장 자리에서 "우선, 윤리적 측면에서 동물권을 인정해야 합니다."라는 소주제문으로 구체화할 수 있다. 그리고 또 다른 이유인 '환경적 측면'이라는 소주제를 본문-2의 첫 번째 문장 자리에서 "또한, 환경적 측면에서도 동물권을 인정해야 합니다."라는 소주제문으로 구체화할 수 있다. 이에 더해, 2가지 소주제를 "윤리적 측면과 환경적 측면에서"라는 서론의 소주제소개로, 그리고 "동물의 고통을 없애야 한다는 윤리적 측면과 온실가스 배출량을 감소해야 한다는 환경적 측면을 모두 고려하면"이라는 결론의 소주제요약으로 각각 구체화할 수 있다. 이 경우에도 동일한 추상적 '생각'을 서로 다르게 변화를 주어 '표현'하는 것이 바람직하다.

셋째, 다양한 근거를 근거문장으로 각각 변경하라. 예시의 본문-1에서는 'Marc Bekoff 논문'이라는 근거 즉, 추상적 '생각'을 "예를 들어, 미국의 생물학자인 콜로라도대학교의 마크 베코프 교수는 '고통과 동물 의식'이라는 2016년 논문을 통해, 동물도 고통을 느끼고 의식을 가지고 있다는 사실을 증명하는 다양한 근거를 제시했습니다."라는 근거문장으로 구체화한다. 이에 더해, 예시의 본문-2에서는 '논문: 가축↑ CO_2↑'라는 근거를 "예를 들어, '가축 수요, 전세계 토지 이용 변화 및 온실가스 배출양 증가'라는 2016년 논문에 따르면, 2004년부터 2022년까지 가축 생산량 증가로 인해 목초지가 4,500만 헥타르 증가하고 …… 연평균 11억 톤, 총 200억 톤의 이산화탄소 배출량이 증가할 것으로 예상됩니다."라는 근거문장으로 구체화한다.

결론적으로, 논리적 말하기의 대표적인 유형인 프레젠테이션 즉, 발표의 5단계 말하기는 논지를 논지진술과 결론진술로, 소주제를 소주제문으로, 근거를 근거문장으로 각각 구체화하는 과정이다. 또한, 배경과 추가도 각각 서론의 배경진술과 결론의 추가진술로 구체화한다. 결국, 개요짜기에서 완성된 추상적 '생각'을 문장 형식의 구체적 '표현'으로 변경하여 말하는 것이 5단계의 본질이다. 다만,

서론, 본론-1, 본론-2, 결론이라는 4개의 문단으로 구성된 1개의 단락이라는 논리적 구조를 갖추어야 한다. 우선, 서론은 배경진술, 소주제소개, 논지진술로 구성된다. 한편, 본론-1과 본론-2는 각각 소주제문과 근거문장으로 구성된다. 결론은 소주제요약, 결론진술, 추가진술로 구성된다. 특히, 본론-1, 본론-2, 결론은 논리적 흐름을 분명하게 보여 주는 '연결어'로 시작하는 것이 바람직하다.[90]

---

90. 연결어는 논리적 흐름을 보여주는 지시등의 역할을 하는 단어 혹은 구이다. 예시 스크립트 본론의 각 문단은 "우선"과 "또한"으로 그리고 결론 문단은 "결론적으로"라는 연결어로 각각 시작하기 때문에, 논지를 뒷받침하는 소주제가 순차적으로 제시된 후 결론에 도달할 것임을 분명하게 보여준다. 한편, 연결어의 사용이 진부하고 유치하다는 비난도 일부 있다. 만약 말의 전개가 너무나도 논리적이라면, 오히려 연결어를 생략하는 것이 더 좋다. 다만, 논리적 말하기가 완벽하지 않은 상황에서는 연결어를 일일이 사용해서 논리적 흐름을 조금이라도 드러내는 것이 바람직하다. See 이상혁, *supra* note 4, pp. 93-99.

동물권 인정
: 윤리적으로 환경적으로 보다 나은 세상을 향한 첫걸음

여러분, 반갑습니다! 화면에 보이는 '5백만'이라는 숫자는 과연 무엇을 의미하는 것일까요? 예를 들어, 한국 현대사의 가장 큰 비극인 1950년에서 1953년까지 벌어졌던 한국 전쟁 중 발생한 군인과 민간인 사망자의 총 수가 약 5백만입니다. 놀랍게도, 2021년 한 해 동안 국내 실험실에서 인간의 건강과 생명을 위해 희생되었던 실험 동물의 총 수도 약 5백만입니다. 3년 동안 5백만 명의 사람들이 죽임을 당했던 사건을 우리는 '인권'이 말살된 '비극'으로 역사에 기록했고, 지금도 그렇게 기억하고 있습니다. 그러나, 안타깝게도, 단 1년 동안 5백만 마리의 동물들이 죽임을 당했던 끔찍한 사건에 대해서는 모두가 침묵합니다. 이러한 침묵을 이제 더 이상은 용납할 수 없습니다. 특히, 윤리적 측면과 환경적 측면에서, 이제 동물권을 반드시 인정해야 합니다.

우선, 윤리적 측면에서 동물권을 인정해야 합니다. 여러분! 지금까지 왜 오직 인간에게만 권리 즉, 인권을 보장했는지 아시나요? 그 이유는 고통을 느낄 수 있는 능력이 오직 인간에게만 있다고 믿었기 때문입니다. 고통을 느끼는 다른 인간에게 해악을 끼치면 안된다

는 소위 '해악의 원칙'이 인권의 개념을 정당화하는 윤리적 기초입니다. 그러나 과학의 발전에 따라, 동물 또한 인간과 동일하게 고통을 느끼는 능력을 가지고 있다는 사실이 새롭게 밝혀졌습니다. 예를 들어, 미국의 생물학자인 콜로라도대학교의 마크 베코프 교수는 "고통과 동물 의식"이라는 2016년 논문을 통해, 동물 또한 고통을 느끼고 의식을 가지고 있다는 사실을 증명하는 다양한 과학적 근거를 제시했습니다.[91] 따라서, 윤리적 측면에서 이제 더 이상 동물권을 부정할 수는 없습니다.

또한, 환경적 측면에서도 동물권을 인정해야 합니다. 동물에 대한 생명권의 완전한 박탈을 전제로 하는 축산업은 오늘날 지구 공동체가 직면하고 있는 다양한 환경 오염 문제를 일으키는 가장 중요한 원인 중 하나입니다. 예를 들어, "가축 수요, 전세계 토지 이용 변화 및 온실가스 배출양 증가"라는 2016년 논문에 따르면, 2004년부터 2022년까지 가축 생산량 증가로 인해 목초지가 4,500만 헥타르 증가하고, 산림 면적이 4,400만 헥타르 감소할 것으로 예상됩니다. 그 결과 연평균 11억 톤, 총 200억 톤의 이산화탄소 배출량이 증가할 것으로 예상됩니다.[92] 만약 동물권을 인정하고 육류 소비를 전세계

---

91. See Marc Bekoff, "Pain and Animal Consciousness", *Animal Sentience* (2016). 일반적으로 신경회로, 행동 반응, 생리적 반응, 진통 반응, 고통 매커니즘, 진화적 관점, 비교해부학과 신경생물학 등의 측면에서 동물 또한 인간과 마찬가지로 고통을 느낀다는 다양한 과학적 근거가 제시되고 있다. See The US National Research Council, *Recognition and Alleviation of Pain in Laboratory Animals* (2009), available at www.ncbi.nlm.nih.gov/books/NBK32658/, accessed November 2023.

92. See Sunil P. Dhoubhadel and *et al*., "Livestock Demand, Global Land Use Changes, and Induced Greenhouse Gas Emissions", *Journal of Environmental Protection*, Vol. 7 No. 7 (6 June 2016), available at

적으로 줄인다면, 지구온난화의 문제를 획기적으로 개선할 수 있습니다. 이렇듯, 환경적 측면에서도 동물권의 인정은 시급하게 그리고 절실하게 필요합니다.

결론적으로, 모든 동물의 고통을 없애야 한다는 윤리적 측면과 온실가스 배출량을 감소해야 한다는 환경적 측면을 모두 고려하면, 국내법상 동물권의 개념을 수용하는 것은 더 이상 미룰 수 없는 시대적 과제임이 틀림없습니다. 호주 출신의 세계적 철학자인 프린스턴대학교 피터 싱어 교수의 말처럼, "동물들은 인간이 사용하기 위한 단순한 자원이 아니라, 각각의 이익과 고유한 가치를 지니고 있는 개별적 존재입니다."[93] 수백 년 전 '인권'이라는 낯선 개념을 근대 사회가 수용함으로써 수없이 많은 진보와 발전을 인류가 경험했던 것처럼, 현대 사회는 이제 '동물권'이라는 새로운 개념을 과감하게 수용해야 합니다. 동물권을 인정하는 것은 윤리적으로 그리고 환경적으로 보다 나은 세상을 향한 위대한 첫걸음입니다. 경청해 주셔서 감사합니다.

www.scirp.org/(S(vtj3fa45qm1ean45vvffcz55))/reference/ReferencesPapers.aspx?ReferenceID=1774633, accessed November 2023.

93. "[Animals] are not mere resources for human use, but individuals with their own interests and inherent value." See Peter Singer, *Animal Liberation* (Ecco Press, 2001); Peter Singer, *Practical Ethics* (Cambridge University Press, 2011); Peter Singer, *Ethics into Action: Learning from a Tube of Toothpaste* (Rowman & Littlefield Publishers, 2019); Peter Singer, *supra* note 74.

질문 1

　동물권이라는 낯선 주제에 대한 선생님의 설명과 주장 잘 들었습니다. 진심으로 감사드립니다. 그런데 동물권이라는 용어가 저에게는 여전히 추상적이고 낯설게만 느껴집니다. 도대체 동물권이 무엇인지 한번만 더 구체적으로 설명해 주시겠습니까?

답변 1

　발표 중에 동물권의 기본 개념에 대해 자세하게 설명드렸어야 했는데, 그러지 못해서 죄송합니다. 좋은 질문해 주셔서 감사합니다.

　아주 간단하게 말씀드리면, 동물권이란 존엄한 생명체로서 인간이 가지는 기본적 권리를 지칭하는 인권에 대응되는 개념입니다. 즉, 동물권은 쾌락과 고통을 느낄 수 있는 존엄한 생명체로서 동물이 가지는 권리를 의미합니다. 예를 들어, 동물을 대상으로 진행되는 실험을 반대하는 시민단체의 시위, 사냥과 도축을 비난하는 채식주의자들의 육식 거부 등이 바로 동물권을 인정하는 구체적인 사례입니다.

　다시 한번 더 질문해 주셔서 감사드립니다.

질문 2　　저는 선생님의 말씀이 도무지 이해가 되지 않습니다. 조금 전에 선생님께서 '근대 사회의 인권'에 빗대어서 '현대 사회의 동물권'을 설명하셨습니다. 그렇다면 선생님께서는 근대 시민 혁명 이후 지금까지 유지되어온 인간 중심의 질서와 체제를 부정하겠다는 말씀인가요?

답변 2　네. 감사합니다. 질문자께서 저의 말이 "이해되지 않는다"라고 말씀하셨습니다. 그런데, 질문자의 말씀을 찬찬히 들어보면, 저의 말을 정확하게 이해하셨는데, 다만 저와는 다른 의견을 가지고 계신 것 같습니다. 답변에 앞서, '이해할 수 없다'와 '동의하지 않는다'라는 두 표현의 차이는 분명하게 구분하는 것이 좋을 것 같습니다.

먼저, 동물권의 인정과 부정이라는 논란에 대해 질문자께서 저와 다른 의견을 얼마든지 가질 수 있습니다. 질문자의 의견을 충분히 존중합니다. 다만, 저는 조금 전에 말씀드린 바와 같이, 윤리적 측면과 환경적 측면에서, 이제 동물권을 반드시 인정해야 한다고 생각합니다.

그리고, "인간 중심의 근대 질서를 부정하는 것이냐?"라고 말씀하셨는데, 저의 주장은 인간 중심의 근대 질서를 부정하는 것이 아니고 개선하자는 것입니다. 다시 말해, 동물권의 인정이 환경 오염과 같은 근대 사회의 문제점을 해결하는 출발점이 될 수 있다는 것입니다.

저와는 다른 의견을 제시해 주신 질문자께 감사드립니다.

질문 3　동물권의 인정을 촉구하신 선생님의 인상적인 발표 잘 들었습니다. 깊이 감사드립니다. 한 가지만 질문하겠습니다. 조금 전에 선생님께서 '해악의 원칙'이라는 표현을 쓰셨는데, 그것이 무슨 의미인지 정확하게 이해하지 못했습니다. 추가적인 설명을 부탁드립니다.

답변 3   시간 관계상 자세하게 설명드리지 못하고 넘어갔던 부분인데, 질문해 주셔서 진심으로 감사합니다. 그렇다면 질문이 나온 김에, 좀더 구체적으로 해악의 원칙에 대해 설명해 드리도록 하겠습니다.

영어 'Harm Principle'을 번역한 '해악의 원칙'이란 말뜻 그대로 "고통을 느끼는 다른 인간에게 해악을 끼치면 안된다."라는 윤리적 혹은 철학적 원칙입니다. 예를 들어, 19세기 영국의 철학자 존 스튜어트 밀은 1859년에 쓴 『자유론』에서 "문명화된 공동체에서는 오직 다른 사람들에 대한 해악을 방지하기 위해서만 구성원의 의지에 반하는 권력 행사를 정당화할 수 있다."라는 말로 해악의 원칙을 설명했습니다. 이에 더해, 20세기 초 미국 연방대법원 판사였던 올리버 웬델 홈즈 주니어는 "나의 주먹을 흔들 권리는 다른 사람의 코가 시작되는 곳에서 끝난다."라는 재미있는 비유로 해악의 원칙을 설명했습니다.

충분히 이해가 되시나요? 네. 그럼 마치겠습니다. 감사합니다.

제4장
논리적 말하기의 실제

 "자유무역 확대"

4.1. 이해하기

이번 장에서는 또 다른 구체적 사례를 활용하여 논리적 말하기의 대표적인 유형인 프레젠테이션 즉, 발표가 어떻게 수행되는지를 한번 더 설명하겠다. 다음 지문은 자유주의 경제학자 프레데릭 바스티아가 "1845년 프랑스 의회에 보낸 공개 서한"의 일부를 발췌해서 번역한 것이다.[94] "양초 제조업자의 청원"이라는 제목으로 널리 알려

---

94. "Bastiat's Famous Candlestick Makers' Petition", available at bastiat.org/en/petition.html, accessed November 2023. 발췌된 부분의 영문은 다음과 같다: "You are on the right track. You reject abstract theories and have little regard for abundance and low prices. You concern yourselves mainly with the fate of the producer. You wish to free him from foreign competition, that is, to reserve the domestic market for domestic industry. ... We are suffering from the ruinous competition of a rival who apparently works under conditions so far superior to our own for the production of light that he is flooding the domestic market with it at an incredibly low price ... This rival, which is none other than the sun, is waging war on us so mercilessly ... We ask you to be so good as to pass a law requiring the closing of all windows, ... all openings ... through which the light of the sun is wont to enter houses ... if you shut off as much as possible all access to natural light, and thereby create a need for artificial light, what industry in France will not ultimately be encouraged?"

프레데릭 바스티아
"1845년 프랑스 의회에 보낸 공개 서한"

양초 제조업자들의 청원
존경하는 의원 여러분께

Frederic Bastiat
(1801~1850)

❝ 의원 여러분들은 올바른 길을 가고 있습니다. 의원 여러분들은 추상적인 이론을 거부하고, 풍요와 낮은 물가는 고려하지 않습니다. 의원 여러분들은 주로 생산자의 운명에만 관심이 있습니다. 의원 여러분들은 생산자를 외국의 경쟁으로부터 자유롭게 하고자 합니다. 즉, 국내 산업을 위해 국내 시장을 보호하고자 합니다. …… 저희 양초 제조업자들은 빛의 생산을 위해 우리보다 훨씬 더 우월한 조건에서 일하는 경쟁자와의 파멸적인 경쟁으로 인해 고통을 받고 있습니다. 이 경쟁자는 엄청나게 낮은 가격으로 국내 시장에 빛을 대량으로 팔아넘기고 있습니다. …… 이 경쟁자, 다름 아닌 태양은 우리에게 무자비한 전쟁을 벌이고 있습니다. …… 태양 빛이 집에 들어오지 않도록 모든 창문 …… 모든 구멍을 닫도록 요구하는 법을 통과시켜 주시기를 저희는 당신들에게 부탁드립니다. …… 만약 자연의 빛에 대한 모든 접근을 최대한 차단하여 인공 조명이 필요하게 된다면, 프랑스의 어떤 산업인들 궁극적으로 장려되지 않겠습니까? ❞

진 이 글은 19세기 당시 국내 산업 보호에 치중했던 프랑스 정부의 보호주의 무역정책을 자유주의의 관점에서 풍자적으로 비난하고 자유무역의 확대를 주장한 것이다. 먼저 지문부터 꼼꼼하게 읽어 보고, 논리적 말하기의 첫 번째 단계인 이해하기를 연습해 보자. 결국, 이해하기 단계의 핵심은 '이슈'를 파악하고, 이슈에 대한 자신의 주관적 의견인 '논지'를 결정하며, 이슈와 논지 간에 '연관성 평가'를 수행하는 것이다.

첫째, 논쟁의 대상 즉, '이슈'를 정확하게 파악하라. 19세기 당시 이미 산업혁명을 완성했던 영국은 데이비드 리카르도의 비교우위

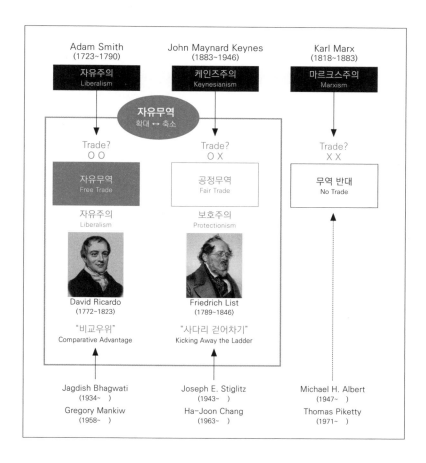

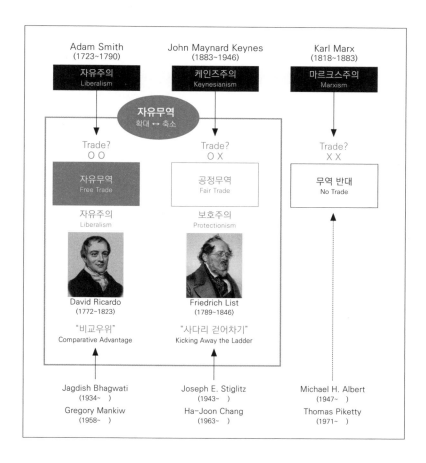

이론[95]을 근거로 자유무역을 확대하는 정책을 펼쳤다. 이에 반해, 19

---

95. 비교우위이론이란 'Comparative Advantage' 즉, '비교우위'가 있는 상품에 전문화하고 서로 자유무역을 한다면, 모든 국가가 이익을 얻을 수 있다고 주장하는 대표적인 자유무역 이론이다. See David Ricardo, *Principles of Political Economy and Taxation*, originally published in 1817 (Mineola, 2004). 자유무역의 확대를 주장하는 이론은 철학적으로 시장의 완전함을 믿는 애덤 스미스와 그의 전통을 이어받은 오늘날의 자그디쉬 바그와티, 그래고리 맨큐 등의 사상과 연결된다. See Adam Smith, *An Inquiry into the Nature and Causes of the Wealth of Nations*, originally published in 1776 (CreaeSpace Independent Publishing Platform, 2016); Jagdish Bhagwati, *In Defense of Globalization: With a New Afterward* (Oxford University Press, 2007); Gregory Mankiw, *Principles of Economics* (Cengage Learning, 2016).

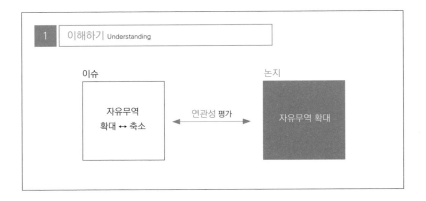

세기 당시 산업혁명을 이제 막 시작했던 후발 개도국인 독일과 프랑스는 프리드리히 리스트의 보호무역이론을 근거로 자유무역을 축소하는 보호무역 혹은 공정무역 정책을 펼쳤다. 특히, 리스트는 선진국인 영국의 자유무역 확대 정책을 개도국의 경제개발을 방해하는 "사다리 걷어차기"라고 비난했다.[96] 한편, 프랑스의 프레데릭 바스티아는 국내 양초업자를 보호하기 위해 태양 빛이 집에 들어오지 않도록 모든 창문과 구멍을 닫도록 요구하는 청원을 풍자적으로 작성했다. 즉, 보호무역 정책은 태양 빛을 인위적으로 막겠다는 헛소리와 같다는 것이다. 결국 '자유무역의 확대 혹은 축소'가 이슈이다.

---

96. 보호무역 이론이란 자유무역론은 선진국이 개도국을 더 못살게 만드는 잘못된 주장이기에, 개도국이 자국 산업의 경쟁력을 갖출 때까지는 일정 부분 국내 산업에 대한 정부의 보호조치가 필요하다는 주장이다. See Friedrich List, *The National System of Political Economy*, originally published in German in 1841 and translated into English by Sampson S. Llyod, MP (CreateSpace Independent Publishing Platform, 2017). 자유무역의 축소를 주장하는 이론은 철학적으로 시장의 좋은 점을 인정하지만 시장의 문제점 또한 지적하고 그것을 개선하기 위한 정부의 개입을 주장하는 존 메이너드 케인스와 그의 전통을 이은 오늘날의 조셉 스티글리츠, 장하준 등의 사상과 연결된다. See John Maynard Keynes, *The General Theory of Employment, Interest and Money*, originally published in 1936 (BN Publishing, 2008); Joseph E. Stiglitz, Making Globalization Work (W. W. Norton & Company, 2006).

둘째, 이슈에 대한 자신의 비판적 의견 즉, '논지'를 결정하라. '자유무역 확대'와 '자유무역 축소'라는 서로 다른 의견이 충돌하는 이슈에 대한 자신의 비판적 의견을 결정해야 한다. 다만, '비판'과 '비난'은 전혀 다른 개념이라는 사실에 주목해야 한다. 따라서, 자유무역 확대를 지지하든, 자유무역 축소를 지지하든, 무역 자체를 반대하든[97] 혹은 또 다른 의견을 가지든 아무런 상관없이, 오로지 '왜냐하면'이라는 이유에 근거한 자신만의 비판적 의견을 결정해야 한다. 다만, 오늘날 무역 자체를 반대하는 의견은 너무나도 소수이기 때문에, '무역 반대'를 논지로 선택할 가능성은 현실적으로 매우 낮다. 여하튼, 이유가 되는 주장인 2개의 '소주제'와 각각의 소주제를 뒷받침하는 충분한 '근거'를 가지고 있는 자신의 비판적 의견인 논지를 결정해야 한다. 예를 들어, '자유무역 확대'를 논지로 결정할 수 있다.

셋째, 이슈와 논지 간의 관계에 대해 연관성 평가를 수행하라. 다시 말해, 앞서 결정한 자신의 비판적 의견 즉, 논지가 앞서 파악한 이슈에 대해 얼마나 직접적으로 연관되어 있는지를 스스로 평가해야 한다. 예를 들어 '삼성전자 반도체의 중국 수출 환영', '호주산 소고기 수입 확대에 찬성', '온라인 게임업체들의 북유럽 시장 진출 지지' 등과 같은 표현보다 '자유무역 확대'가 연관성 평가의 측면에서 좀더

---

97. 시장의 철폐를 주장하는 마르크스주의는 기본적으로 시장에 맡기는 무역 자체를 반대한다. 비록 소수이기는 하지만 오늘날의 마이클 앨버트, 토마 피케티 등은 여전히 칼 마르크스의 관점에서 오늘날 경제 현상을 분석한다. See Michael H. Albert, *PARECON: Life After Capitalism* (Verso, 2004); Thomas Piketty, *Capital in the Twenty-First Century* (Harvard University, 2013).

직접적이다. 달리 표현하면, 자신의 논지가 제시된 지시사항을 얼마나 직접적으로 완벽하게 이행했는지를 평가해야 한다. 예를 들어 "자유무역의 확대 혹은 축소 관련 논쟁에 대한 비판적 의견을 제시하시오."라는 지시사항이 있다면, '자유무역 확대'라는 답변은 직접적인 이행이 된다. 따라서, '자유무역의 확대와 축소'라는 이슈와 '자유무역 확대'라는 논지의 관계는 연관성 평가를 통과한다.

결론적으로, 논리적 말하기의 대표적인 유형인 프레젠테이션 즉, 발표의 1단계 이해하기는 이슈를 파악하고, 논지를 결정하며, 연관성 평가를 수행하는 작업이다. 즉, 논리적 분석을 통해 논쟁의 대상이 되는 이슈를 정확하게 파악하고, 본격적인 논리적 사고의 과정에 앞서 자신이 가지고 있는 철학, 관점, 직관 등에 근거해서 자신만의 비판적 의견인 논지를 결정하고, 이슈와 논지 간의 관계에 대해 연관성 평가를 꼼꼼하게 수행하는 것이다. 물론 여기에서 결정된 논지가 추후 본격적인 논리적 사고의 과정을 거쳐 수정될 수도 있다. 연관성 평가는 3단계 개요짜기에서 다시 한번 진행된다. 이해하기에 문제가 생기면 'Off-Topic' 즉, 주제와 상관없는 엉뚱한 말하기를 하게 된다. 따라서, 이해하기는 논리적 말하기 전체를 통해 전개될 논리의 방향성과 최종 목적지를 결정하는 매우 중요한 작업이다.

4.2. 브레인스토밍하기

논리적 말하기의 두 번째 단계는 브레인스토밍하기이다. 뉴욕시에 소재한 세계적인 광고회사 BBDO의 공동창립자인 알렉스 오스본이 1948년에 저술한 책에서 처음으로 제시되었던 '브레인스토밍'이라는 용어는 "한 그룹의 사람들이 보다 신중한 고려에 앞서 많은 생각을 매우 빨리 제안하는 것" 즉, 회사 혹은 팀의 창의적 아이디어 개발 방식을 의미한다. 한편, 논리적 말하기의 2단계 브레인스토밍하기는 "보다 신중한 고려" 즉, 3단계 개요짜기에 앞서 이것저것 다양한 생각을 최대한 많이 쏟아내는 과정이다. 물론, 이렇게 쏟아내는 생각들이 결코 논리적일 수는 없다. 다만, 추상적 '생각'을 활용한 다음 3가지 작업을 통해, 향후 효과적인 3단계 개요짜기에 필요한 다양한 소재를 최대한 많이 확보하는 것이 2단계 브레인스토밍하기의 본질이자 목적이다.

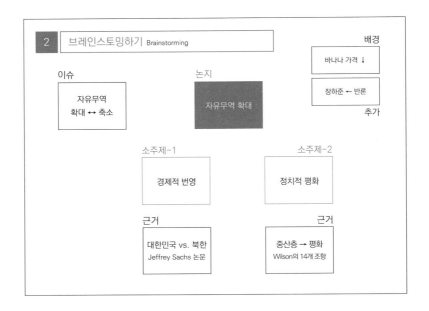

첫째, 브레인스토밍하기 도표를 반드시 사용하라. 만약 논리적 말하기를 준비하는데 무한대의 시간이 주어진다면, 아무런 제약 없이 그저 생각나는 대로 자유롭게 브레인스토밍을 하면 된다. 그러나 의식이 흐르는 대로 자연스럽게 떠오르는 모든 생각을 아무렇게나 정리하게 되면, 정작 가장 중요한 3단계 개요짜기에서 훨씬 더 많은 시간과 노력이 필요하게 된다. 물론, 논리적 말하기를 수행하는 대부분의 경우에는 일반적으로 분명한 시간적 제한이 있다. 따라서 브레인스토밍하기 도표를 반드시 활용하여, 논지, 소주제, 근거 간에 주관성·객관성 기준 최소한의 '논리적 위계질서'를 만들어야 한다. 끊임없이 떠오르는 수많은 생각들을 최소한 '논지'의 이유가 되는 주장인 '소주제'와 그러한 소주제를 뒷받침하는 '근거'로 각각 분류할 수

있어야 한다.

둘째, 논지의 이유가 되는 주장 즉, 2가지 소주제를 생각하라. 예를 들어, 1단계 이해하기를 통해 '자유무역의 확대와 축소'라는 이슈에 대해 '자유무역 확대'라는 자신의 비판적 의견 즉, 논지를 이미 결정했다. 이제 논지에 대한 '이유가 되는 주장' 즉, 논지를 뒷받침하는 소주제를 최소한 2가지 생각해야 한다. '경제적 번영, 빈곤의 극복, 문화적 다양성, 생태계의 회복, 정치적 평화, 사상의 교류, 외교적 안정, 기술의 발전, 환경 보호' 등 다양한 소주제가 떠올랐지만, 최종적으로 '경제적 번영'과 '정치적 평화'라는 소주제를 결정했다. 주목해야 할 점은 소주제에 담긴 추상적 '생각'이 반드시 논지에 대한 분명한 이유가 되어야 한다는 것이다. 즉, '경제적 번영'이라는 소주제와 '정치적 평화'라는 2가지 소주제는 각각 '자유무역 확대'라는 논지를 뒷받침하는 분명한 이유가 되어야 한다.

셋째, 각각의 소주제를 뒷받침하는 객관적 '사실'에 기반한 충분한 근거를 생각하라. 소주제는 자신의 주관적 '의견'인 논지에 대한 이유이다. 그러나 소주제는 논지에 비해서는 좀더 객관적 '사실'에 가깝다. 동시에 소주제는 여전히 객관적 '사실'에 의해 추가적으로 논증되어야 하는 주관적 '의견'에 불과하다. 예를 들어, '경제적 번영'이라는 소주제와 '정치적 평화'라는 소주제는 각각 '자유무역 확대'라는 자신의 논지를 뒷받침하는 분명한 이유이다. 그러나 '경제적 번영'과 '정치적 평화'는 모두 추가적인 뒷받침이 필요한 주관적 '의견'이다. 따라서 예시에서는 '대한민국과 북한의 경제 상황 비교, Jeffrey Sachs 교수의 논문'과 '중산층이 평화를 선택하는 현상, Woodrow Wilson의 14개 조항' 등과 관련된 객관적 '사실'에 기반한 근거를 생각했다.

결론적으로, 논리적 말하기의 대표적인 유형인 프레젠테이션 즉, 발표의 2단계 브레인스토밍하기는 브레인스토밍하기 도표를 반드시 사용하고, 논지의 이유가 되는 소주제 2가지를 생각하며, 각각의 소주제를 뒷받침하는 충분한 근거를 생각하는 작업이다. 이에 더해, 청중의 관심을 끌 수 있는 '배경'과 자연스럽게 마무리할 수 있는 '추가'를 준비한다. 예를 들어, '바나나 가격의 급격한 하락'과 '장하준 교수에 대한 반론' 등과 관련된 객관적 '사실'을 각각 배경진술과 추가진술로 생각했다. 자연적인 인간의 생각은 논리적이지 않다. 즉, 논리는 자연적이지 않고 인위적이다. 결국 논리적 말하기의 2단계 브레인스토밍하기는 3가지 평가를 통해 논리 구조를 만드는 3단계 개요짜기에 앞서 장차 논리 구조를 형성할 말하기의 원재료 즉, 다양한 소재를 최대한 많이 만들어 내는 창조적 과정이다.

4.3. 개요짜기

논리적 말하기의 세 번째 단계는 개요짜기이다. 1단계 이해하기와 2단계 브레인스토밍하기를 성공적으로 수행한 결과 만들어진 수많은 자연적인 생각을 연관성 평가, 논증성 평가, 균형성 평가라는 3가지 검증 도구를 활용하여 논리라는 인위적인 틀 속에 집어넣는 과정이 3단계 개요짜기이다. 비유로 설명하자면, 자연적이고 비논리적이며 파편적인 '생각'이라는 '구슬'을 논증성 평가, 균형성 평가, 연관성 평가로 이루어진 '논리'라는 '삼색실'에 꿰어 인위적이고 논리적이며 온전한 '말하기'라는 '목걸이'를 만드는 것이 개요짜기의 본질이자 목적이다. 다시 말해, 개요짜기는 비논리적인 생각을 논리적으로 전환시키는 '논리적 말하기'의 가장 중요한 핵심 단계이다. 따라서 다음 3가지에 초점을 맞추어 최대한 많은 시간과 노력을 개요짜기에 쏟아야 한다.

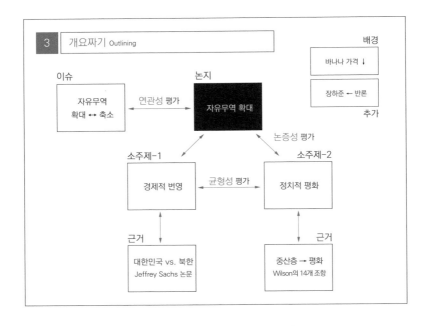

첫째, 이슈와 논지 간의 관계에 대해 연관성 평가를 수행하라. 만약 연관성 평가에 문제가 발생하면, 이슈 혹은 주제와는 아무런 상관없는 엉뚱한 말하기를 하게 된다. 1단계 이해하기에서 한 차례 수행되었던 연관성 평가에 아무런 문제가 없었는지를 3단계 개요짜기에서 추가적으로 검증하는 것이다. 결국 연관성 평가의 본질은 자신의 논지가 제시된 이슈에 대해 얼마나 직접적으로 연관되어 있는지 혹은 제시된 지시사항을 얼마나 직접적으로 이행했는지를 검증하는 것이다. 예를 들어, '자유무역의 확대와 축소'라는 이슈에 대해 '자유무역 확대'라는 논지는 직접적으로 연관되어 있다. 또한 "자유무역의 확대 혹은 축소 관련 논쟁에 대한 자신의 비판적 의견을 제시하시오."라는 지시사항에 대해 '자유무역 확대'라는 논지는 해당 지시사

항을 직접적으로 이행한 것이다.

둘째, 논지와 소주제, 소주제와 근거 간의 관계에 대해 논증성 평가를 수행하라. 논지는 이슈에 대한 자신의 주관적 '의견'이다. 따라서 '왜냐하면'이라는 이유 즉, 소주제를 반드시 준비해야 한다. 소주제 또한 자신의 주관적 '의견'에 불과함으로 '왜냐하면'이라는 이유 즉, 객관적 '사실'에 기반한 충분한 근거를 반드시 준비해야 한다. 결국 논증성 평가의 본질은 자신이 준비한 논지, 소주제, 근거 간에 '왜?'와 '왜냐하면'이라는 논증관계가 성립하는지를 검증하는 것이다. 예를 들어, '자유무역 확대'라는 논지에 대해 '경제적 번영'이라는 소주제는 그 이유가 된다. 또한 '대한민국과 북한의 경제 상황 비교, Jeffrey Sachs 교수의 논문' 등과 관련된 객관적 '사실'에 기반한 근거는 '경제적 번영'이라는 소주제의 이유가 된다. 따라서 논증성 평가를 통과한다.

셋째, 소주제와 소주제 간의 관계에 대해 균형성 평가를 수행하라. 2가지 소주제는 각각 논지에 대해 논증성 평가를 통과하는 이유가 되어야 한다. 동시에 2가지 소주제는 서로 간에 그 내용과 형식이 대등하고 균형적이며 독립적이고 배타적이어야 한다. 결국 균형성 평가의 본질은 2가지 소주제의 관계를 검증하는 것이다. 만약 소주제를 '정치적 평화'와 '외교적 안정'이라는 2가지로 나누었다면, 소주제 간의 규형성은 무너진다. 왜냐하면, "나라를 다스리는 일"[98]을

---

98. 국립국어원 표준국어대사전.

의미하는 정치와 "다른 나라와 정치적 관계를 맺는 일"[99]을 의미하는 외교는 그 개념상 배타적이지 않고 중첩되기 때문이다. 즉, '외교적 안정'은 '정치적 평화'의 한 부분에 불과하다. 한편, 예시로 제시된 '경제적 번영'과 '정치적 평화'라는 2가지 소주제의 관계는 균형성 평가를 통과한다.

결론적으로, 논리적 말하기의 대표적인 유형인 프레젠테이션 즉, 발표의 3단계 개요짜기는 연관성 평가, 논증성 평가, 균형성 평가라는 3가지 도구를 활용하여, 자신이 준비한 논지, 소주제, 근거 간의 논리적 흐름을 꼼꼼하게 그리고 최종적으로 검증하는 과정이다. 다시 말해, 연관성 평가, 논증성 평가, 균형성 평가를 통해 자연적이고 비논리적이며 파편적인 '생각'을 '논리'라는 인위적인 틀에 집어넣는 것이 3단계 개요짜기이다. '논리적 말하기'는 그 형식이 '말하기'이고 그 본질이 '논리'이다. 따라서 논리를 만드는 단계인 개요짜기가 논리적 말하기의 본질이자 핵심이다. 한편, '논증성 평가'와 '균형성 평가'라는 개념 대신, 미국의 경영컨설턴트인 바바라 민토가 제시했던 소위 'MECE 원칙'이라는 용어로 소주제에 대한 검증을 설명하기도 한다.[100]

---

99. 국립국어원 표준국어대사전.

100. See Barbara Minto, *supra* note 81.

4.4. 질문과 답변 준비하기

논리적 말하기의 네 번째 단계는 질문과 답변 준비하기이다. '자신이 잘 답변할 수 있는 것'을 청중이 질문할 수밖에 없도록 적극적으로 유도하고, 그 질문에 대한 충분한 답변을 사전에 미리 준비하는 것이 질문과 답변 준비하기의 핵심이다. 논리적 글쓰기의 경우와는 다르게, 논리적 말하기에서는 청중과의 직접 대면이라는 특징 때문에 말하기가 끝난 후 청중이 화자에게 직접 질문할 가능성이 매우 크다. 따라서 아무리 시간이 부족해도 최소한 '핵심용어'를 활용한 질문과 답변은 반드시 준비해야 한다. 먼저, 논리적 말하기를 통해 자신이 전달하고자 하는 논지, 소주제, 근거를 표현할 수 있는 대표적인 핵심용어를 4가지 내외로 선정하고, ① 사전적 의미, ② 반대의 개념, ③ 구체적 예시 등을 중심으로 각각의 핵심용어에 대한 정확한 개념정의를 준비한다.

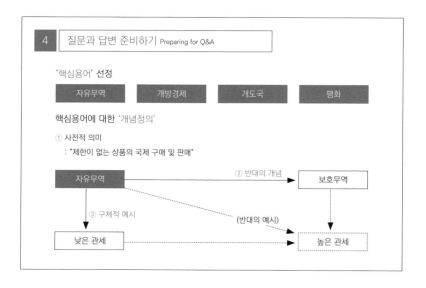

첫째, 핵심용어의 사전적 의미를 참고하라. 원칙적으로 무료 온라인 사전인 국립국어원 표준국어대사전과 Cambridge Dictionary의 사용을 권고한다. 이에 더해, 필요한 경우에 한해서 네이버 백과사전 혹은 Wikipedia와 같은 다양한 온라인 백과사전을 참고하는 것도 도움이 된다. 다만, 그저 참고한다는 것이지 특정 사전의 설명을 맹목적으로 수용해서는 안 된다. 예를 들어, '자유무역'의 사전적 의미는 "국가가 외국 무역에 아무런 간섭이나 보호를 하지 아니하고 관세도 매기지 아니하며 각 개인의 자유에 맡겨 하는 무역"[101] 혹은 "제한이 없는 상품의 국제 구매 및 판매"[102]이다. 한편, '개방경제'

---

101. 국립국어원 표준국어대사전.

102. The term 'Free Trade' refers to "<u>international buying and selling of goods, without limits</u> on the amount of goods that one country can sell to another, and without special taxes on the goods bought

라는 용어는 "상품, 어음, 자본 따위를 외국과 거래할 때 제한을 두지 아니하는 경제"[103] 혹은 "제한 없이 다른 국가와 거래되는 경제"[104]를 의미한다.

둘째, 핵심용어에 대한 반대의 개념을 제시하라. 어떤 개념을 설명할 때 상대방이 직관적으로 보다 쉽게 이해할 수 있도록 도와주는 간단한 방법은 반대의 개념을 제시하는 것이다. 예를 들어, 상품, 서비스 등의 초국경적 이동을 개인과 기업의 자유에 맡기는 '자유무역'에 대한 반대의 개념은 국내 산업 보호를 위해 정부가 간섭하고 제한하는 '보호무역'이다. 한편, 상품, 서비스, 자본 등을 외국과 거래할 때 제한을 두지 않는 '개방경제'의 반대 개념은 국제 경제 거래의 자유가 금지되거나 혹은 제한된 '폐쇄경제'이다. 또한, 여전히 빈곤을 탈피하기 위해 경제 개발 과정 중에 있는 가난한 국가인 '개도국'의 반대 개념은 경제 개발을 완성해서 이미 부유한 국가인 '선진국'이다. 이에 더해, '평화'의 반대 개념은 국가와 국가 사이의 무력 충돌인 '전쟁'이다.

셋째, 예시를 통해 핵심용어의 의미를 구체화하라. 예를 들어, 상품에 부과되는 관세를 철폐하는 것, 서비스에 부과되는 관세를 감

---

from a foreign country." ('자유무역'이라는 용어는 "한 국가가 다른 국가에 판매 할 수있는 상품의 양에 제한이 없고 외국에서 구입 한 상품에 대한 특별 세금이없는 상품의 국제 구매 및 판매"를 지칭한다.) (밑줄 추가) Cambridge Dictionary.

103. 국립국어원 표준국어대사전.

104. The term 'Open Economy' refers to "an economy where goods and services are traded with other countries without rules or limits." ('개방경제'라는 용어는 "규칙이나 제한 없이 상품과 서비스가 다른 국가와 거래되는 경제"를 지칭한다.) (밑줄 추가) Cambridge Dictionary.

핵심용어의 개념정의
Definitions of Key Words

(국내 산업 보호를 위해 정부가 간섭·제한하는) 보호무역의 반대 개념인 **자유무역** 은 상품, 서비스 등의 초국경적 이동을 개인과 기업의 자유에 맡기는 것을 의미합니다.
예를 들어, 상품에 부과되는 관세를 철폐하는 것, 서비스에 부과되는 관세를 감축하는 것, 비관세 장벽을 철폐하는 것 등이 바로 자유무역을 보여주는 구체적인 사례입니다.

(국제 경제 거래의 자유가 금지 혹은 제한된) 폐쇄경제의 반대 개념인 **개방경제** 는 상품, 서비스, 자본 등을 외국과 거래할 때 제한을 두지 않는 경제를 의미합니다.
예를 들어, 상품 시장을 개방한 한국, 서비스 시장을 개방한 일본, 금융 시장을 개방한 미국 등이 바로 개방경제를 보여주는 구체적인 사례입니다.

(경제 개발을 완성해서 이미 부유한 국가인) 선진국의 반대 개념인 **개도국** 은 여전히 빈곤을 탈피하기 위해 경제 개발 과정 중에 있는 가난한 국가를 의미합니다.
예를 들어, 1인당 국내총생산 87달러였던 1967년의 대한민국, 여전히 굶주려 죽는 사람들이 있는 현재의 북한과 소말리아 등이 바로 개도국을 보여주는 구체적인 사례입니다.

(국가와 국가 사이에 무력을 사용한 싸움인) 전쟁의 반대 개념인 **평화** 는 전쟁, 분쟁 또는 일체의 갈등이 없이 평온한 상태를 의미합니다.
예를 들어, 1945년 8월 15일 2차 세계 대전이 끝난 직후의 국제 질서, 1953년 7월 27일 한국 전쟁이 끝난 이후의 한반도 상황 등이 바로 평화를 보여주는 구체적인 사례입니다.

축하는 것, 수량 제한과 같은 비관세장벽을 철폐하는 것 등이 자유 무역을 보여주는 구체적인 사례이다. 한편, 상품시장을 개방한 한국, 서비스 시장을 개방한 일본, 금융 시장을 개방한 미국 등이 개방 경제를 보여주는 구체적인 사례이다. 또한, 1인당 국내총생산 87달러였던 1967년의 대한민국, 여전히 굶주려 죽는 사람들이 있는 현재의 북한, 2021년 1인당 국내총생산 447달러로 절대빈곤에 허덕이는 소말리아 등이 개도국을 보여주는 구체적인 사례이다. 이에 더해, 1945년 8월 15일 2차 세계 대전이 끝난 직후의 국제 질서, 1953년

7월 27일 한국 전쟁이 끝난 이후의 한반도 상황 등이 평화를 보여주는 구체적인 사례이다.

결론적으로, 논리적 말하기의 대표적인 유형인 프레젠테이션 즉, 발표의 4단계 질문과 답변 준비하기는 청중의 질문을 유도하고 질문에 대한 충분한 답변을 미리 준비하는 것이다. 사전적 의미를 참고하고, 반대의 개념을 제시하며, 예시를 통해 구체화함으로써, 최소한 주요 개념을 전달하는 4가지 내외의 핵심용어에 대한 정확한 개념정의는 준비해야 한다. 예를 들어, 청중에게 핵심용어인 '자유무역'의 개념을 다음과 같이 분명하게 설명할 수 있도록 준비한다. "(국내 산업 보호를 위해 정부가 간섭하거나 제한하는) 보호무역의 반대 개념인 자유무역은 상품, 서비스 등의 초국경적 이동을 개인과 기업의 자유에 맡기는 것을 의미합니다. 예를 들어, 상품에 부과되는 관세를 철폐하는 것, 서비스에 부과되는 관세를 감축하는 것, 비관세장벽을 철폐하는 것 등이 바로 자유무역을 보여주는 구체적인 사례입니다."

사전적 의미를 참고하고,
반대의 개념을 제시하며,
예시를 통해 구체화함으로써,
4가지 내외의 핵심 용어에 대한
개념정의를 준비한다.

4.5. 말하기

논리적 말하기의 다섯 번째 단계는 말하기이다. 말하기란 1단계 이해하기, 2단계 브레인스토밍하기, 3단계 개요짜기를 통해 완성된 추상적 '생각'을 문단과 단락이라는 논리 형식에 맞추어 문장이라는 구체적 '표현'으로 변경하는 과정이다. 결국, 문장으로 말하기가 5단계 말하기의 본질이다. 주목해야 할 것은 말하기의 핵심이 '생각하지 않기'라는 점이다. 다시 말해, 그저 아무 생각 없이 말하기를 수행해야 한다. 물론 4단계 질문과 답변 준비하기의 경우에도 구체적 '표현'이 아닌 추상적 '생각'으로 작업을 수행해야 하지만, 논리적 말하기를 통해 청중에게 전달할 논지, 소주제, 근거 등 모든 내용은 원칙적으로 3단계 개요짜기에서 이미 마무리되었다. 따라서 논리적 말하기의 5단계 말하기는 다음과 같이 논지, 소주제, 근거를 구체적 문장으로 바꾸는 것이다.

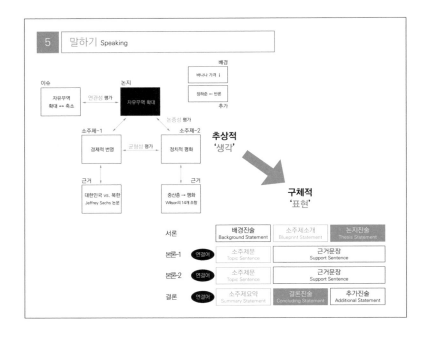

첫째, 논지를 논지진술과 결론진술로 각각 변경하라. 이슈에 대한 자신의 비판적 의견 즉, 논지를 서론에서는 논지진술이라는 문장으로, 그리고 결론에서는 결론진술이라는 문장으로 각각 구체화해야 한다. 비록 논지진술과 결론진술에 담긴 논지라는 추상적 '생각'은 동일하지만, 구체적 '표현'은 서로 다르게 변화를 주는 것이 바람직하다. 예를 들어, '자유무역 확대'라는 논지 즉, 추상적 '생각'을 "오늘은 자유무역을 왜 확대해야 하는지에 대해 …… 말씀드리고자 합니다."라는 논지진술과 "자유무역은 (경제적 번영과 정치적 평화를 위한) 최선의 선택입니다."라는 결론진술로 각각 구체화한다. 비록 논리적 글쓰기의 제목처럼 필수 요소는 아니지만, 논리적 말하기에서

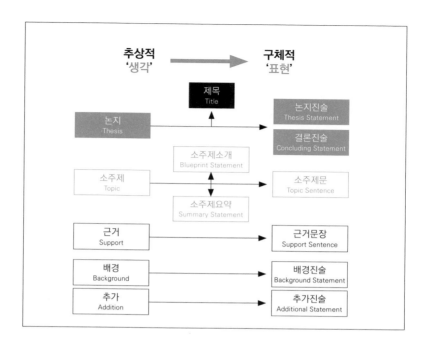

도 논지를 분명하게 전달하는 명사구 형식의 제목을 준비하는 것이
바람직하다.

둘째, 2가지 소주제를 소주제문으로 각각 변경하라. 예를 들어,
논지를 뒷받침하는 이유인 '경제적 번영'이라는 소주제를 본문-1의
첫 번째 문장 자리에서 "첫째, 자유무역은 경제적 번영을 만듭니다."
라는 소주제문으로 구체화할 수 있다. 그리고 또 다른 이유인 '정치
적 평화'라는 소주제를 본문-2의 첫 번째 문장 자리에서 "둘째, 자유
무역은 정치적 평화를 만듭니다."라는 소주제문으로 구체화할 수 있
다. 이에 더해, 2가지 소주제를 "경제적 측면과 정치적 측면에서 말
씀드리고자 합니다."라는 서론의 소주제소개로 구체화할 수 있다. 또

한, 2가지 소주제를 "경제적 번영과 정치적 평화를 위한"이라는 결론의 소주제요약으로 구체화할 수 있다. 다만, 동일한 2개의 소주제를 전달하는 소주제소개와 소주제요약을 서로 다르게 다소나마 변화를 주어서 '표현'하는 것이 바람직하다.

셋째, 다양한 근거를 근거문장으로 각각 변경하라. 예시의 본문-1에서는 '대한민국 vs. 북한'이라는 근거 즉, 추상적 '생각'을 "세계은행에 따르면, 1967년 대한민국과 북한의 1인당 국내총생산은 각각 87달러와 155달러였는데, 2021년에는 그 수치가 35,000달러와 1,300달러로 크게 달라집니다. …… 대한민국은 1967년 GATT에 가입함으로써 자유무역을 선택했지만, 공산주의를 따르는 북한은 자유무역을 거부했습니다."라는 근거문장으로 구체화한다. 이에 더해, 예시의 본문-2에서는 'Wilson의 14개 조항'이라는 근거를 "한편, 국제적 차원에서, 자유무역은 국가 간의 상호의존성을 높임으로써 전쟁의 위험을 크게 줄입니다. 예를 들어, 우드로 윌슨 미국 대통령은 1918년 '14개 조항'이라는 연설을 통해, 평화를 위한 방법으로 자유무역의 확대를 제안했습니다."라는 근거문장으로 구체화한다.

결론적으로, 논리적 말하기의 대표적인 유형인 프레젠테이션 즉, 발표의 5단계 말하기는 논지를 논지진술과 결론진술로, 소주제를 소주제문으로, 근거를 근거문장으로 각각 구체화하는 과정이다. 또한, 배경과 추가도 서론의 배경진술과 결론의 추가진술로 구체화한다. 결국, 개요짜기에서 완성된 추상적 '생각'을 문장 형식의 구체적 '표현'으로 변경하여 말하는 것이 5단계의 본질이다. 다만, 서론,

본론-1, 본론-2, 결론이라는 4개의 문단으로 구성된 1개의 단락이라는 논리적 구조를 갖추어야 한다. 우선, 서론은 배경진술, 소주제소개, 논지진술로 구성된다. 한편, 본론-1과 본론-2는 각각 소주제문과 근거문장으로 구성된다. 결론은 소주제요약, 결론진술, 추가진술로 구성된다. 특히, 본론-1, 본론-2, 결론은 논리적 흐름을 분명하게 보여 주는 '연결어'로 시작하는 것이 바람직하다.

자유무역 확대
: 경제적 번영과 정치적 평화를 위한 최선의 선택

여러분! 바나나 좋아하세요? 얼마나 자주 드시나요? 혹시 예전에는 정말 부자들만 바나나를 먹을 수 있었다는 슬픈 역사를 알고 계신가요? 1973년 바나나 한 개의 가격이 무려 2천원이었습니다. 한 송이가 아닌 단 한 개의 가격입니다. 당시 시내버스 요금이 15원, 영화 한 편이 73원, 자장면 한 그릇이 100원이었던 물가를 고려하면, 바나나 1개 2천원이 터무니없이 비싼 가격이었다는 사실이 실감나시죠? 그런데 요즘은 동네 마트에서 약 5천원으로 한 송이를 살 수 있으니, 누구나 맛있는 바나나를 큰 부담없이 먹을 수 있습니다. 저도 오늘 아침 바나나 1개로 식사를 대신했습니다. 이것이 바로 우리가 일상에서 쉽게 경험하는 자유무역의 혜택입니다. 오늘은 자유무역을 왜 확대해야 하는지에 대해 경제적 측면과 정치적 측면에서 말씀드리고자 합니다.

첫째, 자유무역은 경제적 번영을 만듭니다. 세계은행에 따르면, 1967년 대한민국과 북한의 1인당 국내총생산은 각각 87달러와 155달러였는데, 2021년에는 그 수치가 35,000달러와 1,300달러로 크게 달라집니다.[105] 도대체 54년 동안 무슨 일이 벌어졌던 것일까요? 세계 최빈국이었던 대한민국은 1967년 GATT 즉, '관세 및 무역에 관한 일반협정'에 가입함으로써 자유무역을 선택했지만, 공산주의를 따르는 북한은 자유무역을 거부했습니다. 자유무역의 경제적 효과는 실증적으로도 확인됩니다. 예를 들어, 경제학자 제프리 삭스 등의 연구에 따르면, 1970-1980년대 폐쇄경제 개도국들의 연평균 0.7%의 낮은 경제성장에 비해, 개방경제 개도국들은 4.5%의 높은 경제성장을 달성했습니다.[106] 결국 자유무역은 경제적 번영의 결정적 요인입니다.

둘째, 자유무역은 정치적 평화를 만듭니다. 국내적 차원에서, 자유무역은 자본을 축적한 중산층의 형성에 기여하는데, 이들 중산층은 자신의 생명과 재산을 파괴하는 전쟁이라는 비합리적인 선택을 하지 않을 가능성이 매우 높습니다. 정치학자 에릭 가르츠크의 '자본가 평화론'[107] 그리고 언론인 토마스 프리드먼[108]의 '맥도날드 평화론'은 중산층이 평화를 선택하는 현상을 설명하는 대표적인 이론입니

---

105. 자유무역을 선택해서 성공한 국가인 대한민국과 그렇지 않아서 실패한 국가인 북한을 상징적으로 표현하는 이미지 중 하나는 한반도의 야간 위성 사진이다. 밝은 빛으로 빛나는 대한민국과 칠흑같이 어두운 북한의 대조적인 이미지를 시각적으로 보여주면, 청중에게 깊은 인상을 줄 수 있을 것이다. See Earth Data, "Korean Peninsula at Night", *Worldview Image of the Week* (19 January 2021), available at www.earthdata.nasa.gov/worldview/worldview-image-archive/korean-peninsula-at-night, accessed November 2023.

106. See Jeffrey D. Sachs and Andrew M. Warner, "Economic Reform and the Process of Global Integration", *Brookings Papers on Economic Activity*, No. 1 (1995).

107. See Erik Gartzke, "The Capitalist Peace", *American Journal of Political Science*, Vol. 51, No. 1 (January 2007), pp. 166-191.

108. See Thomas L. Friedman, "The Golden Arches Theory of Conflict Prevention" in *The Lexus and the Olive Tree: Understanding Globalization*, Updated and Expended Edition (Random House, 2000).

다. 한편, 국제적 차원에서, 자유무역은 국가 간의 상호의존성을 높임으로써 전쟁의 위험을 크게 줄입니다. 예를 들어, 우드로 윌슨 미국 대통령은 1918년 '14개 조항'이라는 연설을 통해, 평화를 위한 방법으로 자유무역의 확대를 제안했습니다.[109] 또한 1947년 GATT 체결과 1995년 WTO 설립의 목적이 바로 자유무역 확대를 통한 세계 평화입니다.

결론적으로, 자유무역은 경제적 번영과 정치적 평화를 위한 최선의 선택입니다. 안타깝게도, 세계 경제의 위기와 양극화의 심화로 인해, 최근 자유무역을 비난하는 목소리가 적지 않습니다. 예를 들어, 경제학자 장하준은 자유무역의 확대를 주장하는 사람들을 향해, 말로만 위하는 척하고 실제로는 개도국을 착취하려는 '나쁜 사마리아인'이라고 비난했습니다.[110] 심지어 개도국이 힘겹게 오르고 있는 경제 개발의 '사다리를 걷어차는 것'이 곧 자유무역이라고도 비난했습니다.[111] 과연 그럴까요? 대한민국과 북한의 역사를 뒤돌아 보는 것

---

109. "3. 가능한 한 모든 경제적 장벽을 제거하고 평화에 동의하고 그 유지를 위해 스스로 연합하는 모든 국가들 사이에 평등한 무역 조건을 확립합니다. (3. The removal, so far as possible, of all economic barriers and the establishment of an equality of trade conditions among all the nations consenting to the peace and associating themselves for its maintenance.)" See Woodrow Wilson, "Fourteen Points" (8 January 1918), available at www.britannica.com/event/Fourteen-Points, accessed November 2023.

110. See Ha-Joon Chang, *Bad Samaritans: The Myth of Free Trade and the Secret History of Capitalism* (Bloomsbury Publishing, 2009).

111. See Ha-Joon Chang, *Kicking Away the Ladder: Development Strategy in Historical Perspective* (Anthem Press, 2002). '나의 것은 팔아먹고, 너의 것은 사주지 않겠다.' 혹은 '수출은 하되, 수입은 하지 않겠다'라는 소위 '내수산업보호론' 혹은 '유치산업보호론'과 같은 장하준 교수의 주장이 비현실적이라는 것은 쉽게 증명할 수 있다. 만약 전세계 모든 국가들이 장하준 교수의 주장을 충실하게 따른다면 과연 어떤 일이 벌어질까? 모든 국가가 수입을 거부하고 수출만 하려고 하니, 결국 무역 자체가 일어나지 않을 것이다. 따라서, 세계 대부분의 국가들은 '자유무역'을 따르는데, 오직 일부 소수의 국가들만이 자국의 이익을 위해 '보호무역'을 하는 지극히 불평등하고 현실가능성이 낮은 예외적인 경우에 한해서만, 장하준 교수의 논리가 성립될 수 있다. 물론, 자유무역이라는 주류

만으로도 쉽게 그 해답을 찾을 수 있습니다. 여전히 개선해야 할 부분이 많이 남아 있지만, 우리가 지금 누리고 있는 번영과 평화가 자유무역의 혜택이라는 엄연한 사실만큼은 결코 잊어서는 안됩니다. 경청해 주셔서 감사합니다.

논리적 말하기_발표(2)   질문과 답변

질문 1　　흥미로운 주제의 발표 감사드립니다. 특히, 자유무역이 선진국과 개도국을 판가름하는 중요한 정책적 차이점이라는 주장이 기억에 남습니다. 그런데, 선진국과 개도국을 구분하는 기준은 무엇인가요?

답변 1　　매우 좋은 질문을 해주셨습니다. 우선, 개념상 구분은 명확합니다. 선진국은 빈곤을 벗어나는 과정인 경제 개발 즉, 'Economic Development'를 이미 완성한 'Developed Country'이고, 개도국 즉, 개발도상국은 여전히 그 과정 중에 있는 'Developing Country'입니다. 물론, '국민소득 몇 달러 이상이면 선

질서의 문제점을 지적하고 개선점을 찾고자 하는 소수의 비판적 목소리라는 측면에서 장하준 교수의 주장은 큰 의미가 있다. 다만, 장하준 교수의 주장이 주류가 되어 모든 국가들이 보호무역 정책을 철저하게 수행한다면, 지금껏 인류가 누려온 자유무역의 혜택은 모두 사라질 것이고 그 결과 가난한 사람들과 가난한 개도국의 빈곤문제는 더욱 악화되는 상황이 벌어질 것이다.

진국'과 같은 수량적 기준은 존재하지 않습니다. 다만, 국제 관례에 따르면, 소위 '부자 클럽'이라 불리는 경제개발협력기구 즉, OECD 회원국들은 선진국으로, 그 이외 모든 국가들은 개도국으로 분류하기도 합니다. UN의 경우, 개도국 중에서도 특별히 더 가난한 국가들을 별도로 최빈개도국 즉, LDCs로 분류합니다. 이해 되시지요? 네. 좋은 질문해 주셔서 깊이 감사드립니다.

질문 2   선생님의 설명과는 다르게, 세계적 석학인 장하준 교수님께서 쓰신 『나쁜 사마리아인들』이라는 책을 읽어 보면, 부자들과 선진국들이 자유무역을 통해 가난한 사람들과 개도국들의 부를 오히려 빼앗는다고 설명하시던데요. 도대체 무엇이 맞는 말인지 잘 이해가 되지 않습니다.

답변 2   좋은 질문을 해주셔서 무척 감사드립니다. 그래서 자유무역에 대한 논란 특히, 자유무역의 경제적 효과에 대한 논란이 있는 것입니다.

장하준 교수와 같은 보호무역론자들은 기본적으로 무역을 Zero-sum의 게임으로 이해합니다. 즉, 무역을 통해 누군가 이익을 얻었다면, 반드시 누군가는 손해를 본다고 생각합니다. 그러나 자유무역은 기존에 없던 새로운 부를 창출하는 Positive-sum의 게임입니다. 리카르도의 비교우위이론이 이러한 'Wealth Creation Effect' 즉, '부의 창출 효과'를 잘 설명해 줍니다. 다만, 자유무역으로 인한 'Wealth Transfer

Effect' 즉, '부의 이전 효과'를 통제하기 위해서는 공정한 무역 조건, 안정적인 환율, 비교우위가 있는 산업으로 인적·물적 자원의 이동 등을 위한 제도적 장치가 필요합니다. 결론적으로, 자유무역을 거부할 것이 아니라, 적절한 제도적 장치와 함께 자유무역을 보다 적극적으로 추진해야지만, 개도국과 가난한 사람들도 혜택을 누릴 수 있습니다.

충분한 답변이 되었는지요? 네. 좋은 질문 다시 한번 감사드립니다.

질문 3　　선생님의 인상적인 발표 잘 들었습니다. 깊이 감사드립니다. 선생님께서 자유무역이 정치적 평화를 만들어 낸다라고 설명하시면서, "맥도날드 평화론"이라는 용어를 언급하셨습니다. 그게 무슨 의미인지 잘 이해가 되지 않습니다. "맥도날드 평화론"이 무슨 말인가요?

답변 2　　시간 관계상 자세하게 설명드리지 못하고 넘어갔던 부분입니다. 미처 설명드리지 못해 죄송하고, 질문해 주셔서 진심으로 감사합니다.

영어 'Golden Arches Theory of Conflict Prevention'을 번역한 '맥도날드 충돌예방이론'을 흔히 '맥도날드 평화론'이라고 부릅니다. 이 용어는 미국의 언론인이자 작가인 토마스 L. 프리드먼이 1999년에 발표한 『렉서스와 올리브나무』라는 세계적 베스트셀러의 한 챕터 제목입니다. 해당 챕터에서 저자는 "2개의 맥도날드 국가들은 서로 전쟁을 벌일 가능성이 낮다."라고 비유적으로 주장했습니다. 저자에 따르면 소위 '맥도날드 국가'란 맥도날드 네트워크를 지탱할 만큼 충분히 큰 중산층을 가지고 있을 정도의 경제개발 수준에 도달한 국가를 의미합니다. 결론적으로, 맥도날드 평화론이란 시장 경제가 가져다 준 경제 개발이 평화로 이어진다는 자유주의 평화이론입니다.

더 궁금하신 부분이 있나요? 네. 그럼. 다시 한번 감사드립니다.

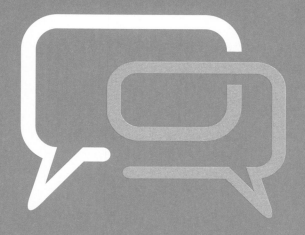

제5장
논리적 말하기의 응용

토론 "원자력 확대 혹은 축소"

5.1. 토론 준비

지금까지 설명한 논리적 말하기의 대표적인 응용 형태는 토론이다. '토론'의 사전적 의미는 "어떤 문제에 대하여 여러 사람이 각각 의견을 말하며 논의함"이다.[112] 좀더 정확하게 설명하면, 토론이란 각 개인 혹은 각 팀의 주장을 평가하는 별도의 심판 혹은 심판의 역할을 담당하는 청중 앞에서 사회자의 진행 하에 좀더 공식적이고 체계화된 절차에 따라서 논란이 있는 어떤 주제에 대해 논의하는 것이다. 이때 각자의 주장을 제시하는 것이 바로 논리적 말하기이다. 이번 장에서는 '원자력 확대 혹은 축소'라는 구체적인 사례를 활용하여 토론이 어떻게 진행되는지를 (1) 토론 준비, (2) 주제, 참가자, 절차 등 소개, (3) 각자의 주장 발표, (4) 질문과 답변, 그리고 반박, (5) 최후 진

---

112. 국립국어원 표준국어대사전.

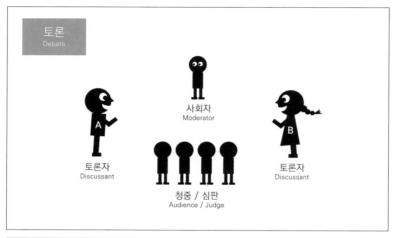

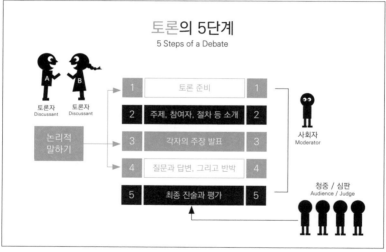

술과 평가라는 5단계를 거쳐 설명하겠다. 먼저 토론의 첫 번째 단계
는 토론 준비이다.

우선, '원자력 확대'를 지지하는 토론자 A는 논리적 말하기의 1
단계 이해하기, 2단계 브레인스토밍하기, 3단계 개요짜기를 통해

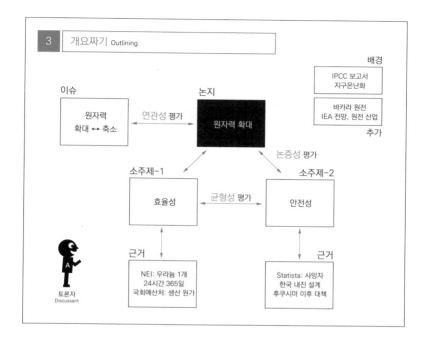

자신의 주장인 '논지'를 뒷받침하는 2가지 '소주제'와 각각의 소주제에 대한 충분한 '근거'를 준비한다. 예를 들어, '원자력 확대'라는 논지를 뒷받침하는 이유로 '효율성'과 '안전성'이라는 2가지 소주제를 결정한다. 다음으로, 'NEI: 우라늄 1개, 24시간 365일, 국회예산처: 생산 원가' 등과 관련된 객관적 사실을 '효율성'이라는 소주제를 뒷받침하는 근거로, 그리고 'Statista: 사망자, 한국 내진 설계, 후쿠시마 이후 대책' 등과 관련된 객관적 사실을 '안전성'이라는 소주제를 뒷받침하는 근거로 각각 결정한다. 끝으로, 연관성 평가, 논증성 평가, 균형성 평가라는 검증 도구를 활용하여 논지, 소주제, 근거 간의 논리적 흐름을 철저하게 확인한다.

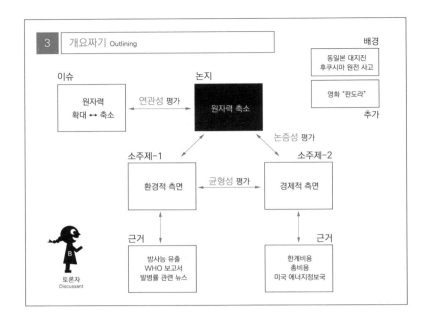

이와 동시에 '원자력 축소'를 지지하는 토론자 B도 논리적 말하기의 1단계 이해하기, 2단계 브레인스토밍하기, 3단계 개요짜기를 통해 자신의 주장인 '논지'를 뒷받침하는 2가지 '소주제'와 각각의 소주제에 대한 충분한 '근거'를 준비한다. 예를 들어, '원자력 축소'라는 논지를 뒷받침하는 이유로 '환경적 측면'과 '경제적 측면'이라는 2가지 소주제를 결정한다. 다음으로, '방사능 유출, WHO 보고서, 발병률 관련 뉴스' 등과 관련된 객관적 사실을 '환경적 측면'이라는 소주제를 뒷받침하는 근거로, 그리고 '한계비용, 총비용, 미국 에너지정보국' 등과 관련된 객관적 사실을 '경제적 측면'이라는 소주제를 뒷받침하는 근거로 각각 결정한다. 끝으로, 연관성 평가, 논증성 평가, 균형성 평가라는 검증 도구를 활용하여 논지, 소주제, 근거 간

의 논리적 흐름을 철저하게 확인한다.

한편, 사회자는 주제, 토론자, 청중, 절차 등 제반 정보를 확인하고 토론 진행을 준비한다. 예를 들어, 토론의 주제는 '원자력 확대 혹은 축소'이다. 이에 더해, '원자력 확대'라는 주장을 발표할 토론자 A는 '한국대학교 원자력공학과의 김철수 교수'이고, '원자력 축소'라는 주장을 발표할 토론자 B는 '시민단체 '핵 없는 세상'의 이영희 대표'이다.[113] 물론, 토론의 사회를 맡은 '논증일보 사회부 홍길동 기자' 자기자신을 토론자들과 청중에게 소개할 간단한 이력도 함께 준비해야 한다. 또한, 청중이면서 심판인 '논리대학교 말하기학과 4학년 50명'에 대한 간단한 소개도 준비한다. 끝으로, '토론자 주장 발표 → 토론자 간의 질문과 답변 → 청중/심판의 질문과 토론자의 답변 → 토론자 최종 진술 → 청중/심판 투표'와 같은 전체 토론 절차도 사전에 미리 결정한다.

---

113. 특히, 토론의 주제와 직접적으로 혹은 간접적으로 연관된 토론자들의 학력, 경력, 저서, 논문, 활동 등에 관한 다양한 정보를 사전에 당사자들에게 요청하고 그 진위 여부를 확인한 후 청중에게 소개하는 것이 바람직하다. 한편, '발표'와 '토론'을 모두 하는 예시의 토론자와는 달리, 경우에 따라 오직 '토론'만을 하는 토론자도 있다. 이러한 경우에는 오직 '발표'만 담당하는 별도의 발표자 혹은 발제자가 있다.

논리적 말하기의
대표적인 응용 형태인 토론은
좀더 공식적진 절차에 따라서
논란이 있는 어떤 주제에 대해
논의하는 것이다.

5.2. 주제, 참가자, 절차 등 소개

토론의 두 번째 단계는 사회자가 토론의 주제, 참가자, 절차 등을 소개하는 것이다. 다음 페이지에 제시된 '사회자 스크립트' 예시와 같이, 먼저, 토론회의 공식 명칭 및 개회 선언, 사회자 자신에 대한 간략한 소개, 모든 참가자들에 대한 감사 등을 포함한 환영인사를 한다. 다음으로, 오늘 토론의 주제를 제시하고, 참가자 모두의 이해와 공감을 얻기 위해 해당 주제 관련 논란에 대해 간략하게 설명한다. 이에 더해, 한쪽 편의 의견을 주장할 토론자 A와 반대 편의 의견을 주장할 토론자 B를 소개한다. 특히, 해당 주제 관련 토론자들의 전문성을 보여줄 수 있는 객관적 정보를 제공함으로써, 토론에 대한 청중의 신뢰를 확보한다. 또한, 청중/심판을 소개하고, 전체적인 토론 절차를 설명한다. 끝으로, 시간 엄수 요청 등 토론 진행 관련 참자자들의 적극적 협조를 당부한다.

제23회 논증일보 시민토론

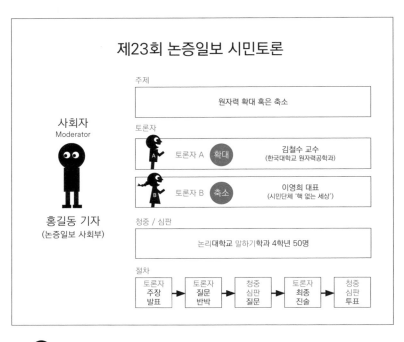

주제

원자력 확대 혹은 축소

토론자

A	토론자 A	확대	김철수 교수 (한국대학교 원자력공학과)
B	토론자 B	축소	이영희 대표 (시민단체 '핵 없는 세상')

사회자 Moderator — 홍길동 기자 (논증일보 사회부)

청중 / 심판

논리대학교 말하기학과 4학년 50명

절차

토론자 주장 발표 → 토론자 질문 반박 → 청중 심판 질문 → 토론자 최종 진술 → 청중 심판 투표

사회자 Moderator   홍길동 기자

환영 인사   지금부터 '제23회 논증일보 시민토론'을 시작하겠습니다. 안녕하세요? 반갑습니다. 저는 오늘 토론회의 사회를 맡은 논증일보 사회부 홍길동 기자입니다. 바쁘신 중에도 '제23회 논증일보 시민토론'에 귀한 걸음을 해 주신 모든 참석자분들을 진심으로 환영합니다. 오늘 토론회의 주최인 논증일보 임직원 모두를 대표하여, 이 자리에 계신 모든 분들께 깊은 감사의 인사를 드립니다. 진심으로 환영하고 감사드립니다.

주제 소개　이미 예고해 드린 바와 같이, 오늘 '제23회 논증 일보 시민토론'의 주제는 최근 사회적 이슈가 되고 있는 '원자력 확대 혹은 축소'입니다. 여러분들 모두가 이미 잘 알고 계시는 바와 같이, 지난 정부에서 강력하게 추진했었던 소위 '탈원전 정책'이 현 정부의 출범 이후 사실상 폐기된 것과 관련하여, 치열한 논쟁과 다양한 갈등이 우리 사회 곳곳에서 벌어지고 있습니다. 오늘 토론회가 이러한 사회적 논쟁과 갈등에 대한 해결책과 타협안을 모색하는 소중한 첫걸음이 될 수 있기를 기대해 봅니다.

토론자 소개　그래서 오늘은 특별히 원자력 관련 두 분의 최고 전문가를 모시고, '원자력 확대 혹은 축소'라는 주제로 제23회 논증 일보 시민토론'을 개최하고자 합니다.

먼저, 저의 오른 편에 앉아계신 한국대학교 원자력공학과의 김철수 교수님입니다. 큰 박수로 환영해 주시길 부탁드립니다. 김철수 교수님께서는 미국 OOO대학교에서 원자력 공학 박사학위를 받으셨고, 원자력 관련 세계적 수준의 다양한 논문을 수십 편 발표하셨습니다. 또한, 올해 상반기 최고의 베스트셀러인 『모두를 위한 원자력 발전소』의 저자로도 아주 유명하십니다. 환영합니다. 김 교수님.

다음으로, 저의 왼 편에 앉아계신 시민단체 '핵 없는 세상'의 이영희 대표님입니다. 큰 박수로 환영해 주시길 부탁드립니다. 이영희 대표님께서는 독일 OOO대학교에서 사회학 박사학위를 받으셨고, 세계적 환경 단체인 'Clean Peace'의 창립 멤버 중 한 사람이십니다.

또한, 『핵 없는 녹색 지구』, 『무서운 핵 이야기』, 『원전의 어두운 비밀』 등을 저술한 유명 작가이기도 합니다. 환영합니다. 이 대표님.

　바쁘신 중에도 오늘 토론자로 기꺼이 참석해 주신 김철수 교수님과 이영희 대표님께 다시 한번 더 깊이 감사드립니다.

청중/심판 소개　　오늘은 특별히 논리대학교 말하기학과의 4학년 학생 50명이 본 토론의 심판으로 수고해 주시기 위해서 청중석에 앉아계십니다. 큰 박수로 환영해 주시길 바랍니다. 감사합니다.

절차 소개　　오늘 토론은 토론자의 주장 발표, 토론자 간의 질문과 답변, 청중의 질문과 토론자의 답변, 토론자의 최종 진술, 그리고 청중의 최종 투표의 순서로 진행될 예정입니다.

시간 엄수 요청　　오늘 토론은 총 120분 동안 진행될 예정입니다. 정해진 시간 내에 유익한 토론이 마무리될 수 있도록, 모든 참가자분들의 적극적인 협조 부탁드립니다. 감사합니다.

5.3. 각자의 주장 발표

토론의 세 번째 단계는 각자의 주장을 발표하는 것이다. 논리적 말하기의 대표적인 유형인 프레젠테이션 즉, 발표가 이번 단계에서 수행되는 토론자 A와 토론자 B의 주장 발표이다. 주장 발표는 '논

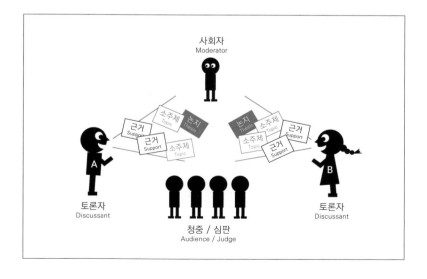

지', 최소한 2개의 '소주제', 충분한 '근거'로 구성된다. 다음 예시와 같이, 사회자는 양측의 주장 발표를 들어볼 순서임을 예고한다. 사회자는 먼저 토론자 A가 어떤 의견을 발표할 누구인지를 간략하게 소개한다. 특히, 시간 제한이 있는 경우, 관련 내용을 반드시 공지한다. 발표자 A의 주장 발표가 끝난 후, 사회자는 발표에 대한 감사 인사를 전하고, 주장을 짧게 요약한다. 이에 더해, 사회자는 토론자 B가 어떤 의견을 발표할 누구인지를 간략하게 소개한다. 발표자 B의 주장 발표가 끝난 후, 사회자는 발표에 대한 감사 인사를 전하고, 주장을 짧게 요약한다.

사회자 Moderator 홍길동 기자

첫 번째 순서로 양측의 주장 발표를 들어보겠습니다.

먼저, '원자력 확대'를 지지하시는 김철수 교수님께서 약 5분 동안 발표해 주시겠습니다. 김 교수님!

원자력 확대

: 효율성과 안전성 측면에서 최선의 에너지원

－ 토론자A **김철수** 교수 －

　현재 인류의 가장 큰 위기는 무엇일까요? 바로 '지구온난화'입니다. 1990년에 발표된 IPCC 즉, '기후 변화에 관한 정부간 협의체'의 연구 결과에 따르면, 산업화 이후 지구의 평균 기온이 섭씨 1도나 상승한 것으로 관측되었습니다.[114] 심지어 IPCC는 2022년 보고서에서, 만약 지구의 평균 기온이 섭씨 1.5도 이상 상승하게 되면, 온 인류는 물론 지구 생태계 전체가 심각한 위험에 빠질 것이라고 경고했습니다.[115] 지구온난화의 가장 중요한 원인은 화석연료의 사용으로 인한 온실가스 특히, 이산화탄소의 배출입니다. 이러한 지구온난화 문제의 근본적인 해결책이 바로 원자력입니다. 원자력은 온실가스를 전혀 배출하지 않는 친환경 클린 에너지원입니다. 오늘은 특별히 효율성과 안전성 측면에서, 원자력의 확대가 왜 최선의 선택인지에 대해 말씀드리겠습니다.

---

114. See Intergovernmental Panel on Climate Change, "Climate Change: The IPCC Scientific Assessment" (1990), available at archive.ipcc.ch/publications_and_data/publications_ipcc_first_assessment_1990_wg1.shtml, accessed November 2023.

115. See Intergovernmental Panel on Climate Change, "Climate Change 2022: Impacts, Adaptation and Vulnerability" (2022), available at www.ipcc.ch/report/ar6/wg2/, accessed November 2023.

첫째, 원자력은 효율적입니다. 원자력 발전은 핵분열 과정 중에 발생하는 섭씨 1억5천만도의 열을 이용해서 전기를 생산하는 것입니다. 미국 '핵에너지연구원'에 따르면, '하리보 곰젤리' 크기의 작은 우라늄 알갱이 1개로 생산되는 전기의 양이 석유 564리터, 석탄 1톤, 혹은 천연가스 1만7천 입방피트로 생산되는 전기의 양과 맞먹습니다.[116] 또한, 태양광, 풍력 등과 같은 신재생 에너지원을 활용한 발전소와는 달리, 원자력 발전소는 매일 24시간, 매년 365일 중단 없이 운영될 수 있습니다. 그 결과 원자력의 발전 원가가 다른 에너지원들에 비해 매우 낮습니다. 국회예산처에 따르면, 2020년 기준 1킬로와트시 전기 생산 원가는 원자력 54원, 유연탄 83.3원, 무연탄 118.3원, 석유 271.5원, 천연가스 126원, 신재생에너지 264.6원으로 각각 분석되었습니다.[117]

둘째, 원자력은 안전합니다. 세계적 통계 회사인 '스테티스타'의 2023년 자료에 따르면, 2021년 기준 1테라와트시 전기 생산 당 전 세계 사망자 수는 태양광 0.02명, 원자력 0.03명, 풍력 0.04명, 수력 1.3명, 천연가스 2.82명, 석유 18.43명, 무연탄 24.62명, 유연탄 32.72명으로 각각 조사되었습니다.[118] 즉, 태양광을 제외하면 원자

116. See Nuclear Energy Institute, "Nuclear Fuel", available at www.nei.org/fundamentals/nuclear-fuel, accessed November 2023.

117. See 국회예산정책처, "발전원가 기준 에너지 효율성 분석" (2021).

118. See Statista, "Number of Death Per Terawatt-hour of Electricity Produced Worldwide 2021, by Energy Source" (2023), available at www.statista.com/statistics/1324252/global-mortality-from-electricity-production/, accessed November 2023.

력이 가장 안전한 에너지원이라는 사실이 통계적으로 확인되었습니다. 특히, 한국은 규모 6.5의 지진도 견딜 수 있도록 발전소를 설계했고, 현재는 그 기준을 규모 7.0으로 올렸습니다. 또한, 후쿠시마 사고 이후, 지진 자동 정지 설비 설치, 고리 원전 해안 방벽 증축 등 다양한 대책으로 안전성을 더욱 높였습니다.[119] 향상된 기술과 강화된 규제로 인해, 기술적으로 그리고 과학적으로 원자력은 훨씬 더 안전해지고 있습니다.

결론적으로, 앞서 설명드린 효율성과 안전성을 고려하면, 원자력 발전소를 확대하는 것이 합리적인 선택입니다. 여러분! '바카라 원전'을 기억하시나요? 2009년 한국이 UAE에 총 200억 달러 규모의 한국형 원자력 발전소 4기를 수출했는데, 그 이름이 '신의 축복'을 의미하는 '바카라'입니다. IEA 즉, '국제에너지기구'의 2022년 보고서에 따르면, 에너지 수요의 전세계적 증가로 2033년까지 매년 19-33기가와트 규모의 신규 원전이 건설될 것으로 예상되는데, 그 경제적 가치가 연간 최소 1천억 달러 이상일 것으로 추정됩니다.[120] 현재 한국, 미국, 러시아, 프랑스, 일본, 중국 6개 국가만이 원전 시공 능력을 보유하고 있다는 현실을 고려하면, 원자력 산업은 틀림없이 21세기 한국의 국가 경제에 기여하는 '신의 축복'이 될 것입니

119. See 한국원자력연구원, "안전이야기", available at www.kaeri.re.kr/env/board?menuId=MENU00460&siteId=null, accessed November 2023.

120. See International Energy Agency, "World Energy Outlook 2022" (2022), available at www.iea.org/reports/world-energy-outlook-2022, accessed November 2023.

다.[121] 경청해 주셔서 감사합니다.

사회자 Moderator   홍길동 기자

김철수 교수님의 좋은 의견 진심으로 감사드립니다. 김 교수님께서는 특별히 효율성과 안전성 측면에서, 원자력의 확대가 최선의 선택이라는 의견을 주셨습니다. 감사합니다.

다음으로, '원자력 축소'를 지지하시는 이영희 대표님께서 약 5분 동안 발표해 주시겠습니다. 이 대표님!

논리적 말하기_토론   토론 B 스크립트

원자력 축소
: 환경적 측면과 경제적 측면을 중심으로
- 토론자B 이영희 대표 -

2011년 3월 11일을 기억하시나요? '동일본 대지진'이 발생했던

---

121. See 우리금융경영연구소, "국내 원전산업의 수출경쟁력 분석과 시사점" (2023년 3월 20일); 나기용, "2030년 3대 원전수출 강국으로", 나라경제 (2010년 2월), available at eiec.kdi.re.kr/publish/naraMain.do, accessed November 2023. 2030년까지 한국의 신규 원전 수출은 총 80기, 약 4천억 달러에 달할 것으로 예상된다. 이로 인해 157만명의 고용 창출, 원전 관련 중소기업 매출 약 27조원 증가 등의 경제 효과가 예상된다.

날입니다. 일본 도호쿠 지방에서 발생한 규모 9.0의 지진과 쓰나미로 인해 후쿠시마 제1원자력 발전소의 4개 원자로에서 방사성 물질이 누출되었습니다. 안타깝게도 1만8천5백명의 사망자와 2만5천명의 부상자, 그리고 2천5백명의 실종자가 발생했던 처참한 사건입니다. IAEA 즉, '국제원자력기구'는 후쿠시마 원전 사고를, 1986년 체르노빌 원전 사고[122]와 함께, 최고 등급의 사고인 레벨 7으로 기록했습니다.[123] CNN, ABC 등의 매체를 통해 전세계로 중계된 당시 처참했던 후쿠시마 원전 사고의 생생한 장면들은 원자력이 얼마나 위험한지를 선명하게 보여주었습니다.[124] 오늘은 환경적 측면과 경제적 측면을 중심으로, 원자력에 대한 의존을 축소해야 하는 이유를 좀더 설명드리겠습니다.

우선, 환경적 측면에서 원자력은 매우 위험합니다. CO_2와 같은 온실가스를 배출하지는 않지만, 원자력은 훨씬 더 위험한 방사능을 유출합니다. WHO 즉, '세계보건기구'의 2013년 보고서에 따르면, 후쿠시마 원전 주위의 가장 오염된 지역 거주자들의 경우, 일반적으로 예상되는 것보다 특정 암 발병률이 증가할 것으로 추정되었습니다.

---

122. See World Nuclear Association, "Chernobyl Accident 1986", available at world-nuclear.org/information-library/safety-and-security/safety-of-plants/chernobyl-accident.aspx, accessed November 2023.

123. See IAEA, "Fukushima Daiichi Nuclear Accident", available at www.iaea.org/topics/response/fukushima-daiichi-nuclear-accident, accessed November 2023.

124. See Brian Walker and Matt Smith, "Video Shows Tsunami Crashing into Fukushima Nuclear Site", *CNN* (10 April 2011, available at edition.cnn.com/2011/WORLD/asiapcf/04/09/japan.nuclear.reactors/index.html, accessed November 2023.

예를 들어, 유아기에 방사능에 노출된 여성의 경우 유방암과 갑상선 암에 걸릴 확률이 각각 6%와 70% 더 높은 것으로 추정됩니다.[125] 심지어 2010년 대비 2011년 후쿠시마 주민들의 발병 위험이 백내장은 229%, 폐암은 172%, 뇌출혈은 253%, 식도암은 134%, 소장암은 277%, 대장암은 194%, 전립선암은 203% 증가했다는 뉴스도 있습니다.[126] 결국, 방사능은 인간의 거주가 불가능할 정도로 지구 환경을 파괴합니다.[127]

또한, 경제적 측면에서 원자력은 전혀 싸지 않습니다. 연료 즉, 우라늄 비용을 중심으로 계산한 '한계비용'만 보면, 원자력이 경제적인 것은 사실입니다. 그러나 원전 원가 중 연료 비용이 차지하는 비율은 겨우 10.2%에 불과합니다. 만약 연료 비용에 더해 건설 비용, 유지 보수 비용, 방사성 폐기물 처리 비용, 사후 원자로 폐기 비용, 원전 주변 지역 보상 비용, 원전 사고 보상 비용 등 실제 원전을 운영하는 데 필요한 모든 비용을 계산한 '총비용'을 평가하면, 결코 원자력이 다른 에너지원들에 비해 싸다고 말할 수는 없습니다.[128] 예를 들어,

125. See World Health Organization, "Global Report on Fukushima Nuclear Accident Details Health Risks" (28 February 2013), available at www.who.int/news/item/28-02-2013-global-report-on-fukushima-nuclear-accident-details-health-risks, accessed November 2023.

126. See 정철운, "절망의 후쿠시마 사고, 사산율·유아사망률까지 급증", 미디어오늘 (2017년 1월 18일), available at www.mediatoday.co.kr/news/articleView.html?idxno=134649, accessed November 2023.

127. See World Information Service on Energy, "What's Wrong with Nuclear Power", available at wiseinternational.org/nuclear-energy/whats-wrong-nuclear-power?gclid=CjwKCAjw-b-kBhB-EiwA4fvKrDfkPyL8LkEPsG_m4gx1IdErxzXoXhU5FRbR4iPJL8dpqAPNLhIhXRoC_-IQAvD_BwE, accessed November 2023.

128. See 고경민 & 정법진, "원자력의 경제성: 쟁점 검토와 해결 과제", 에너지경제연구 제11권 제2호 (2012년 9월 2일), pp. 191-219.

미국 '에너지정보국'의 2022년 보고서에 따르면, 1메가와트시 당 총 비용은 태양광 36.49달러, 풍력 40.23달러, 수력 64.27달러, 석탄 82.61달러, 원자력 88.24달러입니다. 오히려 원자력이 더 비싼 것으로 분석됩니다.[129]

결론적으로, 이제 원자력에 대한 의존을 과감하게 줄여야 합니다. 원자력은 환경적 측면에서 인간 건강과 지구 환경을 치명적으로 파괴하는 방사능을 유출할 뿐만 아니라, 총비용을 고려한 경제적 측면에서도 가격 경쟁력이 없는 비싼 에너지원입니다. 2016년 12월에 개봉되어 전 국민에게 엄청난 충격과 따뜻한 감동을 주었던 박정우 감독의 영화 "판도라"를 보셨나요? 부산과 울산의 경계선에 위치한 고리 원자력 발전소를 모델로 창작된 가상의 '한별 원자력 발전소'와 평범한 어촌 마을 '월촌리'가 역대 최대 규모의 지진에 의한 원전 폭발 사고에 휩싸이는 모습을 그린 재난 영화입니다.[130] "우리는 판도라의 상자를 열어뿐기다."라고 체념하듯 말하던 주인공 김남길 배우의 모습이 아직도 생생하게 기억납니다.[131] 경청해 주셔서 진심으로 감사드립니다.

---

129. See US Energy Information Administration, "Levelized Costs of New Generation Resources", *Annual Energy Outlook 2022* (March 2022), available at www.eia.gov/outlooks/aeo/, accessed November 2023.

130. 2011년 3월 11일 후쿠시마 원전 사고, 2016년 9월 12일 경주 지진, 2016년 당시 울산광역시 울주군에 짓고 있던 신고리 원전 5호기와 6호기에 대한 우려 등을 배경으로 영화 "판도라"가 만들어졌다. See "판도라", 위키백과, available at ko.wikipedia.org/wiki/판도라_(2016년_영화), accessed November 2023.

131. See "판도라(영화)", 나무위키, available at namu.wiki/w/판도라(영화), accessed November 2023.

　이영희 대표님의 좋은 의견 진심으로 감사드립니다. 이 대표님께서는 환경적 측면과 경제적 측면에서 원자력에 대한 의존을 축소해야 한다는 의견을 주셨습니다. 감사합니다.

5.4. 질문과 답변, 그리고 반박

　토론의 네 번째 단계는 질문과 답변, 그리고 반박이다. 먼저, 토론자 간의 질문과 답변, 그리고 청중과 토론자 간의 질문과 답변의 순서대로 진행한다. 사회자는 질문과 답변의 순서를 정하고, 전체 참가자들이 이해하고 공감할 수 있도록 질문과 답변의 요지를 간략하게 요약하며, 시간 관련 제한 사항을 공지한다. 특히, 'PREP 구조'[132]를 활용하면, 답변의 논리 구조를 어렵지 않게 만들 수 있다. 먼저 'Point' 즉, 자신의 논지를 제시한 후 'Reason' 즉, 논지를 뒷받침하는 소주제를 제시한다. 이에 더해, 'Example' 즉, 소주제를 뒷받침하는 근거의 한 유형인 예시를 제시한다. 끝으로, 'Point' 즉, 논지를 다시 제시한다. 물론, '이슈와 Point' 간의 관계는 연관성 평가를 그

---

132. See Dale Carnegie, *supra* note 12.

질문과 답변을 위한 'PREP 구조'

The PREP framework for Q&A

P	요점 Point		_____ 라는 질문에 대한 저의 답변은 _____ 입니다.
R	이유 Reason	연결어	왜냐하면 _____ 때문입니다.
E	예시 Example	연결어	예를 들어, _____ .
P	요점 Point	연결어	결론적으로, 저는 _____ 라고 생각합니다.

리고 'Point, Reason, Example' 간의 관계는 논증성 평가를 각각 통과해야 한다.

사회자   홍길동 기자

지금부터 김철수 교수님과 이영희 대표님, 두 토론자 간의 상호 질문과 답변, 그리고 반박의 순서를 진행하도록 하겠습니다. 시간 관계상 가급적 질문은 1분 이내로, 답변은 3분 이내로 간략하게 해주시길 부탁드립니다. 그럼 먼저 이영희 대표님께서 '원자력 확대'에 대해 발표해 주신 김철수 교수님께 질문해 주시길 바랍니다.

토론자 B 〔반박〕 〔질문〕   이영희 대표

조금 전 김 교수님의 발표 잘 들었습니다.

간략하게 한 가지만 질문 드리겠습니다. 김 교수님께서는 원자력을 확대해야 하는 이유 중 하나로 원자력의 안전성을 언급하셨습니

다. 그리고 '스테티스타'의 2023년 보고서에 언급된 2021년 기준 1테라와트시 전기 생산 당 전세계 사망자 수를 그 근거로 제시하셨습니다. 사실 위험이라는 것은 사망자 수와 같은 이미 현실화된 위험도 있지만, 아직 현실화되지 않은 잠재적 위험이 더욱 심각한 것입니다. 만에 하나라도 원자력 발전소에 사고가 일어난다면, 방사능 유출로 인해 우리 사회 전체에 엄청난 재앙이 발생할 수도 있는데, 어떻게 원자력이 안전하다고 주장하시는 것입니까?

사회자　　　　　　　　　　　　　　　　　　　　　　　　　홍길동 기자

　이영희 대표님께서 원자력의 안전성에 대한 의문과 염려를 제기해 주셨습니다. 특히, 아직 현실화되지 않은 잠재적 위험, 예를 들어, 원자력 발전소에 사고가 벌어져서 방사능이 유출된다면 상상할 수 없을 만큼 엄청난 재앙이 벌어질 수도 있는데, 과연 어떻게 원자력이 안전한 에너지원이라고 주장할 수 있느냐는 의문을 제기해 주셨습니다. 김철수 교수님. 답변해 주시겠습니까?

토론자 A　　　　　　　　　　　　　　　　　　김철수 교수

　이영희 대표님. 먼저, 좋은 질문을 해주셔서 감사드립니다.

　그럼. 답변드리도록 하겠습니다. 말씀하신 바와 같이, 방사성 물질은 인체에 치명적으로 위험한 것이 맞습니다. 다만, 원자력 발전소의 안전성에 대해 의문을 제기하신 이 대표님의 질문에 대한 저의 답변은 '전혀 걱정할 필요가 없을 만큼 안전하다.'라는 것입니다. 왜냐하

면 원자력 발전소에서 발생하는 방사선과 방사성 물질은 오로지 원자로 내에만 머물고, 방사능 세기가 자연 상태 이하로 낮아지기 전까지는 절대 밖으로 방출되지 않도록 설계 및 운영되기 때문입니다. 예를 들어, 한국의 원자력 발전소는 다섯 겹의 방호벽으로 이루어져 있습니다. 좀더 자세하게 설명드리면, 1방호벽은 '연료소결체', 2방호벽은 '핵연료피복관', 3방호벽은 25cm 강철로 만들어진 '원자로 용기', 4방호벽은 6~7mm 강철판으로 만들어진 '건물 내벽', 그리고 5방호벽은 120cm 철근콘크리트로 만들어진 '건물 외벽'입니다.133

결론적으로, 우리나라의 원자력 발전소는 과학적으로 그리고 기술적으로 매우 안전합니다. 전혀 걱정할 필요가 없습니다.

비유하자면, 높은 하늘에서 떨어질 것의 위험성에도 불구하고 우리가 비행기를 타고 안전하게 여행을 할 수 있는 것과 같이, 방사능 물질의 위험성에도 불구하고 우리는 원자력 발전소를 과학적으로 그리고 기술적으로 매우 안전하게 운영할 수 있다는 것입니다.

사회자
홍길동 기자

원자력 발전소에서 발생하는 방사성 물질이 외부로 유출될 수 없기 때문에, 과학적으로 그리고 기술적으로 매우 안전하다라고 김 교수님께서 답변해 주셨습니다.

이영희 대표님. 혹시 반론이나 추가 질문이 있으신가요?

---

133. See 한국원자력연구원, *supra* note 119.

예. 물론입니다.

김 교수님께서 원자력 발전소를 비행기에 비유해서 원자력이 안전하다고 말씀하시는 것은 전형적인 '잘못된 비유의 오류'[134]입니다. 왜냐하면 높은 하늘에 있는 것이 그 자체로는 전혀 위험하지 않지만, 원자력 발전소에서 만들어지는 방사능 물질은 그 자체가 인간은 물론 생태계 전체에 아주 위험하기 때문입니다. 따라서, 원자력 발전소의 안전성을 설명하기에는 전혀 적절하지 않은 비유라고 생각됩니다.

김 교수님께 한 가지만 더 질문하겠습니다. 방금 김 교수님께서는 5겹의 방호벽을 예시로 들어, 한국의 원자력 발전소가 매우 안전하게 설계되었고 안전하게 운영되고 있다고 말씀하셨습니다. 과연 그럴까요? 2011년 후쿠시마 원전 사고를 기억하고 계시지요? 예상을 뛰어넘는 큰 규모의 지진과 쓰나미가 발생하는 경우에도 과연 한국의 원자력 발전소가 100% 안전하다고 단언하실 수 있나요?

김 교수님. 2011년 동일본 대지진과 같은 규모의 지진이 발생하는 경우에도 한국의 원자력 발전소가 100% 안전한 것이 맞는지요?

---

134. 잘못된 비유의 오류란 일부의 유사한 특징 때문에 비교된 두 대상 혹은 사람이 나머지 모든 특징도 비슷할 것이라는 논리 전개 방식에서 벌어지는 문제이다. See 이상혁, *supra* note 15, pp. 101–106.

　물론 과학과 공학에서는 '100% 안전성'이라는 표현은 사용하지 않습니다. 다만, 2011년 동일본 대지진과 같은 규모 7.1의 지진이 한반도에서 발생한다고 해도,[135] 한국의 원자력 발전소는 과학적으로 그리고 기술적으로 안전하다는 점을 분명하게 말씀드릴 수 있습니다. 왜냐하면 한국은 이미 규모 6.5의 지진도 견딜 수 있도록 원자력 발전소를 설계했었고, 특히 후쿠시마 원전 사고를 계기로 그 기준을 규모 7.0으로 올렸습니다. 예를 들어, 규모 6.0 이상의 지진이 감지되면 원자로가 자동으로 정지하는 설비를 갖추었고, 고리 원자력 발전소의 해안 방벽을 7.5m에서 10m로 증축했고, 장기간 정전을 대비한 이동형 발전기와 축전기를 구비했고, 수소 폭발 등 사고 방지를 위해 수소 농도 2% 이상 시 작동하는 자동 수소 제거 장치를 설치했습니다.[136]

　결론적으로, 비록 그 가능성이 매우 낮기는 하지만, 설령 2011년 동일본 대지진과 같은 규모의 지진이 발생한다고 할지라도, 한국의 원자력 발전소는 매우 안전하다고 말씀드릴 수 있습니다.

---

135. 2016년 9월 12일 경북 경주에서 발생했던 규모 5.8의 지진이 한반도와 주변 해역에서 발생한 최대 규모이다. See "2016년 경주 지진", 위키백과, available at ko.wikipedia.org/wiki/2016년_경주_지진, accessed November 2023.

136. See 한국원자력연구원, *supra* note 119.

사회자	홍길동 기자

김 교수님께서 한국 원자력 발전소의 안전성에 대해 보다 자세하게 설명해 주셨습니다. 진심으로 감사드립니다.

이제 역할을 바꾸어서, 김철수 교수님께서 앞서 '원자력 축소'에 대해 발표하신 이영희 대표님께 질문해 주시길 바랍니다.

토론자 A 김철수 교수

이영희 대표님께서 발표하실 때, "안타깝게도 1만8천5백명의 사망자와 2만5천명의 부상자, 그리고 2천5백명의 실종자가 발생했던 처참한 사건"이라고 말씀하셨습니다. 마치 원자력 발전소 때문에 그렇게 많은 희생자가 발생했던 것처럼 착각을 일으키도록 말씀하시는 것은 전형적인 '연민에 호소하는 오류'[137]이자 '인과관계·상관관계 혼동의 오류'[138]라고 생각됩니다. 왜냐하면 말씀하신 엄청난 숫자의 사망자, 부상자 그리고 실종자가 발생한 원인은 규모 7.1의 동일본 대지진과 그로 인한 쓰나미이기 때문입니다. 즉, 후쿠시마 원전 사고로 인해 대규모 희생자가 발생한 것이 결코 아니기 때문입니다.

이 대표님! 청중의 정확한 이해를 위해서, 후쿠시마 원전 사고가 직접적인 원인이 되어 발생한 희생자의 수가 정확하게 몇 명인지 말

---

137. 연민에 호소하는 오류란 연민 혹은 죄책감과 같은 상대방의 감정을 부당하게 이용하여 자신의 주장이나 생각에 대한 지지를 이끌어 내는 방식의 논리 전개에서 발생하는 문제이다. See 이상혁, *supra* note 15, pp. 89-94.

138. 인과관계·상관관계 혼동의 오류란 상관관계에 불과한 것을 인과관계라고 착각하고 논리를 전개하는 문제이다. See 이상혁, *supra* note 15, pp. 101-106.

씀해 주실 수 있으신가요?

사회자 홍길동 기자

　김 교수님께서 2011년 동일본 대지진의 전체 희생자 수가 아니라, 후쿠시마 원전 사고로 인해 발생한 희생자의 수를 질문하셨습니다.

　이 대표님. 혹시 관련 정보를 가지고 계신지요?

토론자 B  이영희 대표

　네. 답변드리겠습니다.

　아쉽게도 후쿠시마 원전 사고의 직접적인 피해자의 수에 관한 정확한 정보는 제가 지금 가지고 있지는 않습니다. 토론회가 끝난 후에라도 반드시 관련 정보를 확인해서, 주최 측에 보내드리겠습니다.

　다만, 상식적으로 전체 1만8천5백명의 사망자와 2만5천명의 부상자, 그리고 2천5백명의 실종자 중 상당 부분이 직접적으로 혹은 간접적으로 방사능 유출에 따른 피해를 입었을 것으로 추측이 됩니다.

사회자 홍길동 기자

　네. 답변 감사드립니다.

　김철수 교수님. 혹시 반론이나 추가 질문이 있으신가요?

네. 사망자 수와 관련해서 한 가지만 말씀드리겠습니다. 2015년에 발표된 일본 정부의 공식 보고서에 따르면, 후쿠시마 원전 사고로 인한 사망자 수는 단 5명뿐입니다. 3명은 급성 심근경색과 심정지로, 1명은 대동맥 박리로, 그리고 나머지 1명은 산사태로 인한 질식으로 각각 사망했습니다. 놀라운 사실은 방사능 피폭이 직접적인 원인이 되어 사망에 이른 사례는 단 1건도 없다는 것입니다.[139]

물론, 추후 2018년에 일본 정부는 사고 당시 후쿠시마 원자력 발전소에서 근무했던 50대 근로자 1명이 방사선 피폭으로 인해 2016년에 발병한 폐암으로 사망했다고 공식적으로 인정한 적이 있습니다. 다만, 이 사망한 근로자는 1980년부터 원자력 발전소에서 근무했고, 주 업무가 후쿠시마 제1발전소의 방사능을 측정하는 일이어서, 과연 2011년 후쿠시마 원전 사고가 직접적인 사망 원인인지에 관해서는 여전히 논란이 남아 있습니다.

결론적으로 말하자면, 이 대표님께서 언급하셨던 1만8천5백명의 사망자 거의 대부분은 후쿠시마 원전 사고가 아니라 동일본 대지진과 쓰나미로 인해 희생된 것입니다.

참고로 말씀드리자면, 인류 역사상 최악의 원전 사고로 기록된 1986년 4월 26일의 체르노빌 원전 사고의 경우에도 사망자 수는 겨

---

139. See "후쿠시마 원전: 일본, 근로자 사망 원인 방사선 피폭 인정", BBC 코리아 (2018년 9월 6일), available at www.bbc.com/korean/international-45429843, accessed November 2023.

우 28명에 불과합니다. 사고 당시 총 134명의 발전소 직원과 긴급 작업원들이 높은 방사능에 노출되어 피부 손상을 입었는데, 이 사람들 중 28명이 방사능 피폭으로 사망했던 것입니다.[140]

이 대표님. 한 가지만 더 질문드리겠습니다.

앞서 발표에서 WHO의 2013년 보고서를 인용하시면서, "후쿠시마 원전 주위의 가장 오염된 지역 거주자들의 경우, 일반적으로 예상되는 것보다 특정 암 발병률이 증가할 것으로 추정되었다."라고 말씀하셨습니다. 잘 아시는 바와 같이, '추정'과 '사실'은 전혀 다른 것입니다. 혹시, 추정이 아니라 이후 객관적 사실로 확정된 암 발병률 증가 관련 보고서가 있나요?

사회자   홍길동 기자

이영희 대표님. 혹시 김 교수님께서 질문하신, 후쿠시마 원전 사고와 관련해서 사실로 확정된 암 발병률 증가에 대한 보고서가 있는지 말씀해 주시길 바랍니다.

토론자 B   이영희 대표

물론입니다.

제가 발표 중에 이미 언급한 바와 같이, 2010년 대비 2011년 후

---

140. See UNSCEAR, "UNSCEAR 2008 Report Volume II: Effects of Ionizing Radiation" (2008), pp. 64–65. available at www.unscear.org/unscear/en/publications/2008_2.html, accessed November 2023.

쿠시마 주민들의 발병 위험이 백내장은 229%, 폐암은 172%, 뇌출혈은 253%, 식도암은 134%, 소장암은 277%, 대장암은 194%, 전립선암은 203% 증가했다는 뉴스 보도가 있습니다. 이것은 2012년에 후쿠시마 진료소를 세운 후세 사치히코 전 군마현 공립병원 부원장이 2017년 1월 18일 한국에서 개최된 한일 국제심포지움에서 직접 발표한 내용입니다.[141]

다만, 한 가지 사실을 반드시 기억해야 합니다. 방사능 피폭으로 인한 암 발병률 증가와 같은 건강상의 피해는 단 시간에 확인되는 것이 아니고, 수십년 동안 아니 몇 세대 동안의 면밀한 관찰을 통해서만 확인할 수 있다는 사실에 주목해야 합니다.

사회자　　　　　　　　　　　　　　　　　　　　홍길동 기자

이 대표님의 추가 설명 감사드립니다.

김 교수님. 이 대표님의 설명이 충분한 답변이 되었는지요?

토론자 A　　**반박**　　　　　　　　　　　　　　　김철수 교수

아쉽게도, 충분한 답변이 되지 않았습니다.

제가 궁금한 것은 후쿠시마 원전 사고로 인한 방사능 피폭 때문에 실제로 벌어졌던 사망 혹은 발병과 같은 '사실'이었는데, 안타깝게도 이 대표님께서는 처음에는 '추정'을 그리고 조금 전에는 '위험'에 대

---

141. See 정철운, *supra* note 126.

해서만 말씀하셨습니다.

결론적으로, 제가 이미 말씀드린 5명 + 1명의 사망자 이외에 2011년 후쿠시마 원전 사고로 인한 직접적인 추가 사망자는 없다는 사실에 이 대표님께서도 동의하시는 것으로 이해하겠습니다.

참고로 말쓰드리자면, 1986년에 벌어졌던 체르노빌 원자력 발전소 사고의 경우와 마찬가지로, 2011년 후쿠시마 원전 사고의 경우에도 현장 대응과 사고 수습에 참여했던 수천 명의 근로자들이 있었습니다. 상식적으로 생각해 보면, 이 분들이 방사능에 가장 많이 노출되었겠지요? 그런데 TEPCO 즉, 도쿄전력회사의 2013년 보고서에 따르면, 이 근로자들의 방사선 피폭량 평균은 11.9mSv[142]에 불과합니다. 그리고 이들 전체 근로자들 중 1% 미만인 173명만이 100mSv를 초과하는 방사선량에 피폭되었습니다. 특히, 6명의 비상대응 작업자들의 경우 피폭량이 250mSv를 초과했습니다. 그러나 중요한 사실이 하나 있습니다. ICRP 즉, 국제방사선방호위원회가 심각한 장해를 피하기 위해 권고한 피폭 기준치는 1000mSv 이상입니다.

결론적으로, 후쿠시마 원전 사고에서 발생한 부상이나 질병은 방사선 피폭과 아무런 관련이 없습니다. 물론 비상대응 작업에 참여해

---

142. Sv 즉, 시버트(Sievert)는 선량당량(dose equivalent)을 나타내는 SI 즉, 국제단위계(International System Units)의 단위이다. 일반적인 방사선의 흡수당량(absorbed dose)을 표현하는 Gy 즉, 그레이(Gray)와 달리, Sv는 흡수당량에 더해 생물학적 효과까지 반영한 단위이다. Sv라는 명칭은 방사능 노출 측정 및 생물학적 영향을 연구한 스웨덴의 의학 및 물리학자인 롤프 막시밀리안 시베르트의 이름을 딴 것이다. See "시버트", 위키백과, ko.wikipedia.org/wiki/시버트, accessed November 2023.

서 250mSv 이상의 방사능에 피폭되었던 6명의 근로자들에 대해서는 앞으로도 오랜 기간 동안 면밀한 관찰과 추적이 당연히 지속되어야 한다고 저 또한 생각합니다.

두 토론자 간의 상호 질문과 답변, 그리고 반박의 순서는 이제 마무리하겠습니다. 토론자분들께 한번 더 감사드립니다.

그럼 지금부터는 청중의 질문과 토론자의 답변 순서입니다. 시간 관계상 두 분에게만 질문의 기회를 드릴 수밖에 없는 점, 너그러운 양해를 부탁드립니다. 가급적 질문은 1분 이내로, 답변은 3분 이내로 간략하게 해주시길 부탁드립니다. 김철수 교수님과 이영희 대표님 중 누구에게 질문하실 것인지 미리 말씀해 주시면 감사하겠습니다. 질문이 있으신 분은 손을 들어주시길 바랍니다.

네. 오른쪽 끝에 계신 분. 자기 소개 후 질문을 해주시면 됩니다.

안녕하세요? 저는 논리대학교 말하기학과에 다니고 있는 4학년 박미남입니다. 전문가분들의 발표와 토론을 통해 원자력에 대해 많이 배울 수 있었던 소중한 시간이었습니다. 진심으로 감사드립니다.

저는 이영희 대표님께 질문드리겠습니다. 현재 우리나라의 전기 생산에서 원자력 발전이 차지하는 비율이 20~30%인 것으로 알고 있습니다. 만약, 이 대표님의 주장을 따라 원자력에 대한 의존을 축소한다면, 어떤 대안이 있으신지 궁금합니다.

사회자   홍길동 기자

네. 좋은 질문 감사드립니다.

박미남 님께서 이영희 대표님께, 원자력에 대한 의존 축소에 따른 대안이 무엇인지를 질문해 주셨습니다. 이 대표님. 답변 부탁드립니다.

토론자 B   이영희 대표

네. 박미남 님의 질문 감사합니다.

저는 원자력 발전소에 대한 의존을 축소하는 대신, 태양광 발전소를 획기적으로 늘려야 한다고 생각합니다. 왜냐하면 태양광의 친환경성 때문입니다. 예를 들어, 태양광 발전소의 운영 중에는 이산화탄소, 메탄, 이산화질소 등과 같은 온실가스가 전혀 배출되지 않습니다. 따라서, 현재 인류가 직면한 가장 심각한 환경 재앙인 지구온난화 문제의 해결에 큰 도움이 됩니다. 물론, 방사능을 방출하는 핵 폐기물도 일체 배출하지 않기 때문에, 방사능 피폭으로 인한 인간 건강과 지구 환경의 피해를 염려할 필요도 전혀 없습니다. 다만, 태양광의 효율성과 경제성에 대해 여전히 의문을 제기하는 분들이 일부 있습니다. 그러나 현재 우리나라의 태양광 기술 수준과 장차 투입될 대규모의 R&D 투자를 고려하면, 멀지 않은 장래에 효율성과 경제성의 문제도 어렵지 않게 해결될 것이라고 저는 확신합니다.

결론적으로, 제가 생각하는 원자력 발전소의 축소에 따른 대안은 태양광 발전소의 급격한 확대입니다. 감사합니다.

이 대표님. 감사합니다. 또 다른 질문이 있으신 분은 손을 들어주시길 바랍니다. 네. 왼쪽 끝에 계신 분. 질문해 주시면 됩니다.

안녕하세요? 저는 논리대학교 말하기학과 4학년에 재학중인 최미녀입니다. 오늘 토론회에 참여하게 되어 매우 뜻깊게 생각합니다.

김철수 교수님께 여쭈고 싶습니다. 사실 저는 2016년 개봉된 영화 "판도라"를 본 후, 원자력 발전소에 대해 매우 부정적인 생각을 가지게 되었습니다. 그런데 오늘 두 전문가분들의 토론을 보고서, 지금은 조금 혼란스러운 상황입니다. 혹시 "판도라" 영화 속 장면 중 현실과 다르게 왜곡된 부분이 있으면, 말씀해 주실 수 있으신지요?

네. 좋은 질문 감사드립니다.

최미녀 님께서 김철수 교수님께, 영화 "판도라"에서 현실과 다르게 왜곡된 부분이 있는지를 질문하셨습니다. 답변 부탁드립니다.

네. 질문해 주셔서 감사합니다.

최미녀 님께서 지금 느끼고 계시는 '혼란'이 무엇인지 충분히 이해되고 공감이 됩니다. 다만, 영화 "판도라"는 그저 허구의 픽션일 뿐 사실을 기록한 다큐가 전혀 아닙니다. "영화는 영화일 뿐 오해하지 말라!"라는 우스게 소리를 먼저 드리고 싶습니다.

영화 "판도라"의 내용 중 현실과 다른 몇 가지만 말씀드리도록 하겠습니다. 첫째, 영화에서는 규모 6.1의 지진으로 원전 사고가 발생했는데, 실제 국내 원전은 규모 6.5~7.0의 지진을 견딜 수 있도록 내진 설계가 되어 있습니다. 둘째, 영화에서는 550kPa의 압력으로 격납 건물이 폭발했는데, 실제 국내 원전의 극한 내압 능력은 1310kPa입니다.[143] 셋째, 영화에서는 폭발을 막기 위한 수소 처리 장치가 없었지만, 실제 국내 원전에는 파동형 수소 재결합기 등 폭발을 막는 설비가 갖추어져 있습니다. 넷째, 영화에서는 폭발 당시 원자로 건물에 내부 철골이 없었지만, 실제 국내 원전의 격납 건물은 120cm의 철근콘크리트로 시공되어 있습니다. 다섯째, 영화에서는 비상사태에 대한 대응책이 전혀 없었지만, 실제 국내 원전의 경우 백색, 청색, 적색 3단계의 대응 체계가 구체적으로 상세하게 마련되어

---

143. See Pa 즉, 파스칼(Pascal)은 압력에 대한 SI 즉, 국제단위계(International System Units) 유도 단위이다. 1파스칼은 1제곱미터 당 1뉴턴의 힘이 작용할 때의 압력에 해당한다. Pa라는 명칭은 프랑스의 수학자 블레즈 파스칼의 이름을 딴 것이다. See "파스칼", 위키백과, ko.wikipedia.org/wiki/파스칼_(단위), accessed November 2023.

있습니다. 여섯째, 영화에서는 노후 원전에 대해 단 2개월 만에 재가동 결정을 내렸지만, 실제 국내 원자력 발전소의 수명을 연장하려면 최소 5년 이상의 면밀한 검토 기간이 필요합니다.[144]

이렇듯, 영화 "판도라"는 그저 허구의 픽션일 뿐 결단코 사실을 기록한 다큐가 아닙니다. 물론, 예술적 측면에서 "판도라"는 458만의 관객에게 감동을 선사한 훌륭한 영화일 수는 있습니다. 그러나, 결론적으로, 원자력 안전성의 측면에서 과학적으로 그리고 기술적으로 평가하자면, 영화 "판도라"는 객관적 사실의 명백한 왜곡이자 비과학적 공포를 조장하는 허구에 불과합니다.

끝으로, 질문을 하신 최미녀 님뿐만 아니라 이 자리에 계신 모든 분들께 세계적 영화 거장인 올리버 스톤 감독의 2022년 다큐멘터리 영화 "Nuclear Now"를 꼭 한번 보시길 추천합니다. 이 영화는 원자력에 관한 허구가 아니라 사실을 기반으로 제작된 다큐입니다.

좋은 질문해 주셔서, 다시 한번 감사드립니다.

사회자
홍길동 기자

김 교수님. 답변 감사드립니다.

특히, 영화 "판도라"에 묘사된 가상의 '한별 원자력 발전소'와 실제 우리나라에서 운영되고 있는 원자력 발전소의 차이점을 구체적

---

144. See 장원석, "[팩트체크] 지진으로 원전 폭발? … 영화 '판도라'가 말해주지 않은 것들", 중앙일보 (2017년 11월 20일), www.joongang.co.kr/article/22129486#home, accessed November 2023.

으로 꼼꼼하게 설명해 주셔서 더욱 감사드립니다.

　이로써 질문과 대답의 순서를 모두 마치겠습니다.

　지금까지 좋은 질문을 해 주신 박미남 님과 최미녀 님, 그리고 성실하게 답변해 주신 이영희 대표님과 김철수 교수님께 다시 한번 감사의 인사를 드립니다.

　감사합니다.

5.5. 최후 진술과 평가

    토론의 다섯 번째 단계는 최후 진술과 평가이다. 먼저, 토론자 A는 3단계에서 발표했던 자신의 주장을 간략하게 요약하는 최후 진술을 한다. 최소한 토론의 주제에 대한 자신의 분명한 결론인 '논지'와 2개의 '소주제'는 한번 더 분명하게 밝혀야 한다. 특히, 결론의 추가 진술처럼, 청중과 심판의 이목을 집중시키고 오랫동안 기억될 수 있을 만큼 울림이 있는 내용으로 최후 진술을 마무리한다. 토론자 B도 동일한 방식으로 최후 진술을 한다. 끝으로, 사회자의 진행 하에 청중과 심판은 토론자 A와 토론자 B 중 누구의 주장에 최종적으로 동의하는지를 손을 들어 투표하는 방식으로 의사 표현을 한다. 한편, 별도의 평가와 투표 없이 토론이 마무리되는 경우도 있고, 최종 합의안 혹은 타협안을 만들어야 하는 경우도 있다. 사회자는 폐회인사로 토론을 마무리한다.

지금까지 '원자력 확대 혹은 축소'라는 주제에 대해 긴 시간 동안 아주 치열한 토론을 진행했습니다. 이제 양측의 최종 진술을 듣도록 하겠습니다. 시간 관계상 최종 진술은 1분 이내로 간략하게 해 주시길 부탁드립니다.

먼저, 김철수 교수님의 최종 진술 부탁드립니다.

토론자 A   최종 진술   김철수 교수

홍길동 기자님. 마지막 발언 기회를 주셔서 감사합니다.

여러분! 앞서 제가 상세하게 설명드린 바와 같이, 원자력은 가장 효율적인 에너지원이고, 동시에 가장 안전한 에너지원입니다. 또한 원자력은 현재 인류가 당면한 최악의 환경 재난인 지구온난화 문제의 근본적인 해결책이며, 동시에 21세기 한국의 국가 경제에 크게 기여할 '신의 축복'이기도 합니다. 결론적으로, 현재 상황에서는 원자력 발전소를 확대해서 원자력에 대한 의존률을 더욱 높이는 것이 대한민국은 물론 지구 공동체 전체 차원에서도 최선의 선택입니다.

오랜 시간 경청해 주셔서, 다시 한번 깊이 감사드립니다.

사회자   홍길동 기자

김 교수님. 감사드립니다.

다음으로, 이영희 대표님의 최종 진술 부탁드립니다.

홍 기자님, 최종 진술 기회를 주셔서 감사합니다.

여러분! 원자력은 환경적 측면에서 인간 건강과 지구 환경을 치명적으로 파괴하는 방사능을 유출할 뿐만 아니라, 총비용을 고려한 경제적 측면에서도 가격 경쟁력이 전혀 없는 비싼 에너지원입니다. 결론적으로, 이제 원자력에 대한 의존을 축소하기 위해, 원자력 발전소의 수를 과감하게 줄이고 장기적으로는 아예 폐쇄하는 것이 바람직합니다.

여러분! 2011년 후쿠시마 원전 사고의 참혹했던 비극을 결코 잊지 말아야 합니다. 어리석은 사람들은 역사의 비극을 무시하지만, 현명한 사람들은 그것으로부터 큰 교훈을 얻습니다. 이웃나라 일본이 겪었던 끔찍했던 아픔을 '타산지석'의 교훈으로 삼아, 결코 우리나라에서는 영화 '판도라'와 같은 재앙이 벌어지지지 않도록 바로 지금 우리가 '원자력 축소'라는 현명한 결정을 내려야 합니다.

경청해 주셔서, 다시 한번 감사드립니다. 고맙습니다.

이 대표님. 감사드립니다.

이로써, '원자력 확대'를 주장하시는 김철수 교수님의 최종 진술과 '원자력 축소'를 주장하시는 이영희 대표님의 최종 진술이 모두 마무리되었습니다. 두 전문가분들께 다시 한번 감사드립니다.

지금부터 오늘 토론에 대한 최종 평가의 순서를 진행하겠습니다. 이미 예고해 드린 바와 같이, 오늘 토론의 평가 방법은 심판의 자격으로 청중석에서 모든 토론 과정을 지켜보신 논리대학교 말하기학과 4학년 학생 50분의 공개 투표입니다.

그럼 먼저, 김철수 교수님께서 주장하신 '원자력 확대'에 동의하시는 분들은 오른손을 들어주시기 바랍니다.

네. 총 26분이 손을 들어주셨습니다. 감사합니다.

다음으로, 이영희 대표님께서 주장하신 '원자력 축소'에 동의하시는 분들은 오른손을 들어주시기 바랍니다.

네. 총 24분이 손을 들어주셨습니다. 감사합니다.

오늘 토론회의 평가 결과는 26대 24로, 김철수 교수님의 '원자력 확대'라는 주장에 대해 동의하신 분의 수가 2명 더 많습니다.

심판의 역할로 투표에 참여해 주신 논리대학교 말하기학과 4학년 학생 50분 모두에게 진심으로 감사의 인사를 드립니다.

이로써, '제23회 논증일보 시민토론'의 모든 순서가 끝났습니다. 모든 참여자들의 적극적인 협조 덕택에 예정된 시간에 맞추어 토론을 마무리할 수 있었습니다.

토론자로 참여해주신 김철수 교수님과 이영희 대표님, 그리고 논리대학교 말하기학과 4학년 학생 50분 모두에게 다시 한번 진심으로 감사드립니다.

오늘 토론에서 제기된 여러 가지 논의 내용이 장차 원자력 관련 정책 담당자들의 의사결정에 소중한 기초 자료로 활용될 수 있기를 기대해 봅니다. 그럼. 오늘 토론회를 마치겠습니다.

감사합니다.

올바른 '준비'와 철저한 '연습'의
무한 반복을 통해
문제점을 찾아 개선함으로써,
논리적 말하기의
성공적인 수행을 '완성'해야 한다.

Prepare, Practice & Perfect

　　지난 3년 동안의 시간을 뒤돌아보면, 도서출판 연암사와 필자가 맺은 인연은 결코 예사롭지 않고 그저 놀랍기만 하다. '자유의 확산'이라는 목표를 위해 필자가 설립한 '연구공간 자유'에서 생산한 총 6개의 연구결과물 중 4개를 도서출판 연암사를 통해 일반 독자들에게 선보일 수 있었다. 출판 시장의 어려운 여건에도 불구하고 졸저를 4권이나 출간할 수 있는 뜻밖의 행운을 누렸으니, 필자는 그저 감사할 따름이다. 이들 4권의 책을 관통하는 하나의 공통된 주제가 있는데, 바로 '언어 논리'이다. 좀더 세분화하면, 『내 인생의 마지막 영어 문법: 단어의 기능을 중심으로 영어 문장 만들기』와 『Dr. LEE의 똑똑영어: 똑바로 이해하고 똑바로 실천하는 영어 공부』는 '영어'를 주제로 쓴 것이고, 『Dr. LEE의 논리적 글쓰기』와 『Dr. LEE의 오류와 편향을 넘어선 논증』은 '논리'를 주제로 쓴 것이다.

올해 초 도서출판 연암사의 권윤삼 대표님으로부터 '논리적 말하기'에 관한 책을 출판하자는 제안을 받았다. 앞서 언급한 '논리' 관련 2권의 책에 더해, 〈연암사 논리와 논증 시리즈〉를 마무리하자는 구상이었다. 필자로서는 다소 주저하는 마음이 처음에는 들었다. 왜냐하면 책이라는 '논리적 글쓰기'의 방법으로 과연 '논리적 말하기'를 어떻게 해야 하는지에 대해 정확하고 충분하게 설명할 수 있을지 염려되었기 때문이다. 동영상과 같은 시청각 자료의 형식으로 설명하는 것이 어떨까라는 고민도 해 보았다. 그러나 곰곰이 생각해 보니, 오히려 책을 통해 누구나 쉽게 이해하고 실천할 수 있는 '논리적 말하기'의 체계적인 방법론을 일반 대중의 눈높이에 맞추어 '보다 쉽게' 그러나 '정확하게' 설명할 수 있겠다는 확신이 들었다. 결국, 이러한 확신과 목표를 가지고 이 책의 집필을 완성하게 되었다.

독자들에게 전하고 싶은 필자의 결론은 '3 Ps'이다. 첫째. 준비하라Prepare. 제1장에서 설명한 "논리적 말하기의 기초"에 대한 정확한 이해를 기반으로, 논리적 말하기를 통해 자신이 전달하고자 하는 '콘텐츠'를 올바르게 준비해야 한다. 특히, 개요짜기 단계에서 연관성 평가, 논증성 평가, 균형성 평가를 통과하는 논지, 소주제, 근거를 준비함으로써, 말하기 전체의 논리적 흐름을 만들어야 한다. 둘째, 연습하라Practice. 제2장에서 설명한 청중 분석, 음성·표정·자세, 침묵·멈춤·호흡, 질문하기, 시각 자료 등과 같은 "논리적 말하기의 기술"에 대한 정확한 이해를 기반으로, 올바르게 준비한 콘텐츠를 보다 효과적으로 '전달'할 수 있도록 철저하게 연습해야 한다. 셋째, 완성하라

^{Perfect}. 올바른 '준비'와 철저한 '연습'의 무한 반복을 통해 문제점을 찾아 개선함으로써, 논리적 말하기의 성공적인 수행을 '완성'해야 한다.

이 책은 영어와 한국어로 강의, 발표, 토론, 협상, 조정 등 다양한 종류의 논리적 말하기를 수행한 필자의 '경험'을 토대로 개념화되고 체계화된 '논리적 말하기의 방법론'이다. 만약 훌륭한 스승들을 만날 행운이 필자에게 없었다면, 이 책의 집필은 애당초 불가능했을 것이다. 필자에게 책을 읽고, 글을 쓰며, 토론하는 재미를 가르쳐 주신 고려대학교 영문학과 김우창 교수님과 이건종 교수님! 필자에게 '느낌'의 언어를 배제하고 '사실'과 '의견'을 분별해서 논문을 쓰고, 발표와 토론을 하며, 협상과 조정을 할 수 있도록 가르쳐 주신 고려대학교 법학전문대학원 박노형 교수님! 필자의 졸고와 발표에 언제나 정성 가득한 조언을 해주셨던 McCombs School of Business, The University of Texas at Austin의 D. Michael Dodd 교수님과 Paula Murray 교수님! 진심으로 감사의 인사를 드립니다.

2023년 11월 연구공간 자유에서

(www.TheInstituteForLiberty.com)

이 상 혁

주요 용어

4-문단 구조 Four Paragraph Structure
'서론(1문단)─본론(2문단)─결론(1문단)'으로 구성된 논리적 말하기의 기본 구조.

5-문단 에세이 Five Paragraph Essay
'서론(1문단)─본론(3문단)─결론(1문단)'으로 구성된 논리적 글쓰기의 형식적 출발점으로서, 논리를 이해하고 연습하기에 효과적인 도구.

간결성 Conciseness
좀더 좋은 평가를 받는 논리적인 글과 말의 5가지 특징 중 하나. 주요 개념을 전달하는 용어의 간결성, 장황한 문장을 개선한 문장의 간결성, 그리고 성공적인 개요짜기를 통한 논리 전개의 간결성.

결론 Conclusion
형식적으로는 (4-문단 형식의 경우) 네 번째 문단을 지칭하고, 본질적으로는 소주제요약, 결론진술, 추가 진술이라는 3요소를 통해 논리적 말하기 전체를 다시 한번 한눈에 보여주고 자연스럽게 마무리하는 것.

결론진술 Concluding Statement
결론의 구성 요소 중 하나로서, 논쟁의 대상인 이슈에 대한 자신의 비판적 의견 즉, 논지를 문장으로 구체화한 것.

균형성 평가 Parallelism Test
논리적 말하기의 3단계 개요짜기의 3가지 평가 중 하나로서, 논증성 평가를 통과한 2가지 소주제가 본질적으로 그리고 형식적으로 서로 간에 대등하고 균형적인지 여부를 검증하고, 근거 제시 방법의 균형성 또한 추가적으로 고려하는 것.

근거 Support
객관적 '사실'에 기반하며, 논증성 평가를 통과한 후 주관적 '의견'인 소주제를 뒷받침하는 것. 예시, 통계자료, 전문가 의견, 사례연구, 일화, 시각자료, 가상사례, 실험결과, 문헌자료 등 다양한 근거 제시 방법이 있음.

근거문장 Support Sentence
본론 각 문단의 구성 요소 중 하나로서, 근거를 문장으로 구체화한 것.

논리적 말하기의 3단계 개요짜기 Outlining
1단계 이해하기와 2단계 브레인스토밍하기의 결과 만들어진 수많은 자연적인 생각을 연관성 평가, 논증성 평가, 균형성 평가라는 3가지 검증 수단을 활용하여 논리라는 인위적인 틀에 집어넣는 과정.

논리 Logic
연관성 평가, 논증성 평가, 균형성 평가를 통해 문단과 단락을 조합하는 규칙. 논리적 분석, 논리적 사고, 논리적 표현이라는 3가지 측면으로 논리능력이 드러남.

논리적 글쓰기 Logical Writing
논쟁의 대상인 '이슈'에 대한 자신의 비판적 의견 즉, '논지'를 '논리'라는 틀에 집어넣어 '글'이라는 형식으로 표현함으로써, 독자로 하여금 자신의 논지에 '동의'하도록 만드는 것.

논리적 말하기 Logical Speaking
논쟁의 대상인 '이슈'에 대한 자신의 비판적 의견 즉, '논지'를 '논리'라는 틀에 올바르게 집어넣어 '말'이라는 형식으로 표현함으로써, 청중으로 하여금 자신의 논지에 '동의'하도록 만드는 것.

논리적 오류 Logical Fallacy
사유의 혼란, 감정적인 동기 때문에 논리적 규칙을 소홀히 함으로써 저지르게 되는 바르지 못한 추리. 많은 사람들이 참이라고 생각하지만 사실은 거짓인 생각. 형식의 흠결로 인한 형식적 오류와 내용의 흠결로 인한 비형식적 오류로 구분됨.

논증 Reasoning
논리적으로 증명하기. 이성 사용하기. 왜냐하면 ……이라는 이유 말하기. 무엇인가에 대해 논리적인 방법으로 생각하는 행동.

논증성 평가 Why Test
논리적 말하기의 3단계 개요짜기의 3가지 평가 중 하나로서, 주관적 '의견'과 객관적 '사실'에 대한 비판적 접근을 통해 논지, 소주제, 근거 간에 '왜?'와 '왜냐하면'이라는 논증관계가 성립하는지 검증하는 것.

논지 Thesis
논쟁의 대상 즉, 이슈에 대한 자신의 비판적 의견으로서 말하기 전체를 통해 전달하고자 하는 하나의 생각. 반드시 소주제와 근거에 의해 뒷받침되어야 함. 논지는 서론의 논지진술과 결론의 결론진술에서는 문장의 형식으로, 제목에서는 명사구의 형식으로 각각 구체화됨.

논지진술 Thesis Statement
서론의 구성 요소 중 하나로서, 논쟁의 대상인 이슈에 대한 자신의 비판적 의견 즉, 논지를 문장으로 구체화한 것.

논쟁 Controversy
어떤 주제 혹은 대상에 대해 서로 다른 의견이 '충돌'하는 것.

단락 Passage
2개 이상의 문단을 논리 규칙에 따라 조합하여, (문단보다 더 큰) 하나의 생각을 전달하는 것.

독창성 Originality
좀더 좋은 평가를 받는 논리적인 글과 말의 5가지 특징 중 하나. '논리'와 '논리적 흐름'이라는 맥락에서 즉, 연관성 평가, 논증성 평가, 균형성 평가를 통과하는 범위 내에서 현상에 도전하고, 다른 것들을 연결하며, 많은 아이디어를 생산함으로써 독창적인 논지, 소주제, 근거를 제시하는 것.

마케팅 페르소나 Marketing Persona
나이, 성별, 지역, 소득 등 여러 가지 기준을 근거로 타겟 대상인 소비자를 보다 구체화하는 마케팅의 도구이자, 논리적 말하기의 기술인 '청중 분석'에 활용되는 도구.

논리적 말하기의 5단계 말하기 Speaking
이해하기, 브레인스토밍하기, 개요짜기의 단계를 거쳐 최종적으로 완성된 논지, 소주제, 근거, 배경, 추가 등의 추상적 '생각'을 문장이라는 구체적 '표현'으로 각각 변경하여 말하는 과정.

면접 Interview
본질적으로 '논리적 말하기'이며 자신의 '논지'를 '논리'라는 틀에 담아 (독자가 아닌) 청자 혹은 청중을 설득하는 것. 상급학교 진학 혹은 회사 취직을 위해 치르는 면접시험.

문단 Paragraph
2개 이상의 문장을 논리 규칙에 따라 조합하여, (문장보다 더 큰) 하나의 생각을 전달하는 것.

발표 Presentation
형식적 측면에서는 (단어, 구, 문장, 문단의 차원을 넘어) 하나의 단락 차원에서 이루어지는 말하기 형식의 의사소통이고, 실체적 측면에서는 (최소한 2개의 '소주제' 및 각각의 소주제를 뒷받침하는 충분한 '근거'와 함께) 자신의 '논지'를 청중에게 전달하는 것.

본론 Body
형식적으로는 서론 뒤에 그리고 결론 앞에 위치한 (4-문단 형식의 경우) 두 번째, 세 번째 문단을 지칭하고, 본질적으로는 소주제문과 근거문장이라는 2요소로 구성되어 각각 논지에 대한 이유가 되는 하나의 소주제를 담은 문단 2개를 통칭.

논리적 말하기의 2단계 브레인스토밍하기 Brainstorming
신중한 고려 즉, 3단계 개요짜기에 앞서 브레인스토밍하기 도표를 사용하여 소주제 2가지와 충분한 근거를 생각하고, 이에 더해 적절한 '배경'과 '추가'를 준비하는 작업. 장차 논리 구조를 형성할 말하기의 원재료 즉, 다양한 소재를 최대한 많이 만들어 내는 창조적 과정.

비난 Blame
어떤 의견에 (일단 무조건) 반대하는 것. 남의 잘못이나 결점을 책잡아 나쁘게 말하는 것.

비언어적 의사소통 Non-verbal Communication
언어 혹은 말에는 도저히 담을 수 없는 '감정'을 비언어적 수단을 통해 청중에게 전달하는 것. 자신이 준비한 콘텐츠와 생각을 긍정적인 감정에 담아 전달함으로써, 청중으로부터 공감 혹은 호감을 이끌어 내는 것이 궁극적인 목적. '무엇을 전달할까?'가 아니라 '어떻게 전달할까?'라는 질문에 그 초점이 맞추어져 있음. 비언어적 의사소통은 비언어적 수단을 활용하여 청중의 감성에 호소하는 것. 비언어적 의사소통이 성공적으로 수행된 경우, 청중은 심지어 그 이유도 정확하게 인식하지 못한 채 일단 화자에 대해 무의식적으로 호감부터 가지게 됨. 비언어적 의사소통에는 음성, 표정, 자세라는 3가지 방법이 있음.

비판 Criticize
시시비비를 판단하는 것. 어떤 의견이 왜 옳고 왜 그른지에 대해 생각하는 것.

배경진술 Background Statement
서론의 구성 요소 중 하나로서, 논쟁의 대상인 이슈를 드러내고 청중의 관심을 불러일으키는 문장.

사실 Fact
실제 있거나 있었던 일 혹은 객관적 현실에 부합하고 증거에 의해 참으로 증명될 수 있는 어떤 것으로서, 진위 여부를 확인해야 할 대상.

사회자 Moderator
논리적 말하기의 대표적인 응용 형태인 토론을 진행하는 사람.

서론 Introduction

형식적으로는 (4-문단 형식의 경우) 첫 번째 문단을 지칭하고, 본질적으로는 배경진술, 소주제소개, 논지진술이라는 3요소를 통해 논리적 말하기 전체를 한눈에 미리 보여주는 것. 이슈를 제기하고, 그 이슈에 대한 자신의 논지가 무엇인지 밝히며, 자신의 논지가 어떤 소주제를 통해 어느 방향으로 논증될 지를 미리 소개하는 것.

설득 Persuasion

논리적 증명을 통해 자신의 생각을 상대방에게 전달해서 상대방의 생각과 행동을 변화시키는 것. 논리적 말하기 혹은 논리적 글쓰기와 같이 '이성'(*Logos*) 즉, '주장 그 자체에 담긴 논리'로 설득하는 방법 외에도, '감성'(*Pathos*) 즉, '말을 듣는 사람의 감정 상태에 호소'하거나 '인격'(*Ethos*) 즉, '말하는 사람의 인격에 대한 신뢰'를 기반으로 설득하는 방법이 있음.

소주제 Topic

논지에 대한 '이유가 되는 주장'으로서 본론의 각 문단이 담고 있는 하나의 생각. 논지와의 관계는 논증성 평가를 통과하고, 다른 소주제와의 관계는 균형성 평가를 통과해야 함. 논증성 평가를 통과하는 근거에 의해 추가적으로 뒷받침되어야 하는 주관적 '의견'.

소주제문 Topic Sentence

본론 각 문단의 구성 요소 중 하나로서, 소주제를 문장으로 구체화한 것.

소주제소개 Blue-print

서론의 구성 요소 중 하나로서, 본론에서 제시될 소주제를 사전에 소개하는 것. 향후 본론에서 논리 전개가 어떻게 진행될 것인지 즉, 논리적 말하기 전체의 뼈대와 방향성을 미리 보여주는 것.

소주제요약 Summary

결론의 구성 요소 중 하나로서, 본론에서 이미 제시했던 소주제를 추후에 요약하는 것. 지금까지 본론에서 논리 전개가 어떻게 진행되어 왔는지 다시 한번 한눈에 보여주는 것.

소크라테스식 문답법 Socratic Method

끝없는 질문으로 자신의 무지함에 스스로 도달하도록 했던 고대 그리스의 철학자 소크라테스의 교수법. 논리적 말하기에 적용할 경우, 첫째, '의견인가? 사실인가?'라는 질문을 통해, 주관적 '의견'과 객관적 '사실'을 분별하고, 둘째, 주관적 '의견'에 대해서는 반드시 '왜?'라는 질문을 통해 '왜냐하면'이라는 답변이 나오는지 여부 즉, '논증관계'를 철저하게 검증하고, 셋째, 객관적 '사실'에 대해서는 반드시 '참인가? 혹은 거짓인가?'라는 질문을 통해 그 진위 여부 즉, '사실관계'를 철저하게 확인하는 것.

수사학 Rhetoric

논리적 증명을 통해 자신의 생각을 상대방에게 전달해서 상대방의 생각과 행동을 변화시키는 기술 혹은 방법. 논리적 말하기 혹은 논리적 글쓰기와 같이 '이성'(*Logos*) 즉, '주장 그 자체에 담긴 논리'로 설득하는 방법 외에도, '감성'(*Pathos*) 즉, '말을 듣는 사람의 감정 상태에 호소'하거나 '인격'(*Ethos*) 즉, '말하는 사람의 인격에 대한 신뢰'를 기반으로 설득하는 방법이 있음.

심판 Judge

논리적 말하기의 대표적인 응용 형태인 토론에서 각 개인 혹은 각 팀의 주장을 최종적으로 평가하는 사람(들).

언어 Language

말 또는 글의 방식으로 이루어지는 인간의 의사소통 수단. 생각, 감정 혹은 정보를 다른 사람에게 전달하고 공유하는 수단.

언어적 의사소통 Verbal Communication

자신이 준비한 '콘텐츠'와 '생각'을 언어 즉, 말이라는 수단에 담아 청중에게 전달하는 것. '무엇을 전달할까?'라는 질문에 초점을 둔 의사소통이 그 핵심. 논리적 말하기의 경우, 주어진 이슈에 대한 자신의 비판적 그리고 주관적 의견인 '논지', 그러한 논지를 뒷받침하는 이유가 되는 주장인 2가지 '소주제', 각각의 소주제를 뒷받침하는 객관적 사실에 근거한 충분하고 다양한 '근거'를 전달하는 것.

연결어 Connective

말하기 혹은 글쓰기에서 논리적 흐름을 분명하게 보여주는 지시등의 역할을 하는 것.

연관성 평가 Relevance Test

논리적 말하기의 3단계 개요짜기의 3가지 평가 중 하나로서, 자신의 논지가 제시된 이슈에 대해 얼마나 직접적으로 연관되어 있는지 혹은 제시된 지시사항에 대해 얼마나 직접적인 대답이 되는지를 검증하는 것. 논리적 말하기의 1단계 이해하기에서 한 차례, 3단계 개요짜기에서 추가로 수행함.

이슈 Issue

논쟁의 대상 혹은 논란이 있는 주제. 논지와의 관계는 연관성 평가를 통과해야 함.

논리적 말하기의 1단계 이해하기 Understanding

이슈를 파악하고, 논지를 결정하며, 이슈와 논지 간에 연관성 평가를 진행함으로써 말하기 전체의 방향성을 정하는 작업.

인지적 편향 Cognitive Bias

때로는 합리적이고 때로는 비합리적인 보통의 평범한 사람들이 정보를 인지할 때 벌이지는 편견과 왜곡의 현상으로서, 결국 합리적 의사결정과 논리적 증명의 실패로 이어지게 만드는 원인.

일관성 Consistency

좀더 좋은 평가를 받는 논리적인 글과 말의 5가지 특징 중 하나. '처음부터 끝까지 변함없이' 논쟁의 대상에 대한 자신의 논지를 논리라는 틀에 '일관성 있게' 집어넣는 것. 주요 용어의 사용, 주관적 '의견'의 제시, 말하기 전체의 논리 구조에 있어서의 일관성.

엘리베이터 피치 Elevator Pitch

엘리베이터를 함께 타는 30초의 짧은 시간 동안 창업자가 투자자에게 거액의 투자를 설득하는 것. 본질적으로 논리적 말하기.

의견 Opinion

어떤 대상 혹은 현상에 대한 자기 나름의 판단으로서, '왜?'라는 질문을 던지고 '왜냐하면'이라는 대답을 준비해야 할 대상.

정확성 Accuracy

좀더 좋은 평가를 받는 논리적인 글과 말의 5가지 특징 중 하나. 주요 용어의 사용, 객관적 '사실', 그리고 문법·철자·양식과 관련한 정확성.

주관성 Subjectivity

좀더 좋은 평가를 받는 논리적인 글과 말의 5가지 특징 중 하나. 주관성 기준 문장의 4가지 유형을 구별하고, 논지·소주제·근거 간의 논리적 위계질서를 기억하며, 논지·소주제·근거를 전달할 적절한 문장 유형을 선택하는 것.

제목 Title

형식적으로 가운데정렬된 명사구이며, 본질적으로 논지를 드러냄.

논리적 말하기의 4단계 질문과 답변 준비하기 Preparing for Q&A

'자신이 잘 답변할 수 있는 내용'을 청중이 질문할 수밖에 없도록 적극적으로 유도하고, 그 질문에 대한 충분한 답변을 사전에 미리 잘 준비하는 과정.

청중 Audience
논리적 말하기에서 화자가 최종적으로 동의를 얻어내고 설득해야 할 대상. 강연이나 설교, 음악 따위를 듣기 위하여 모인 사람들.

청중 분석 Audience Analysis
논리적 말하기의 성공적인 수행을 위해 필요한 기술 중 하나로서, '청중에게 꼭 맞춘 논리적 말하기'를 효과적으로 준비하기 위해 반드시 필요한 작업.

추가진술 Additional Statement
결론의 구성 요소 중 하나로서, 앞서 제시한 자신의 주장을 부정하지 않는 범위 내에서 논리적 말하기 전체를 자연스럽게 마무리하도록 도와주는 문장.

프레젠테이션 Presentation
형식적 측면에서는 (단어, 구, 문장, 문단의 차원을 넘어) 하나의 단락 차원에서 이루어지는 말하기 형식의 의사소통이고, 실체적 측면에서는 (최소한 2개의 '소주제' 및 각각의 소주제를 뒷받침하는 충분한 '근거'와 함께) 자신의 '논지'를 청중에게 전달하는 것

토론 Debate
각 개인 혹은 각 팀의 주장을 평가하는 별도의 심판 혹은 심판의 역할을 담당하는 청중 앞에서 사회자의 진행 하에 좀더 공식적이고 체계화된 절차에 따라서 논란이 있는 어떤 주제에 대해 논의하는 것.

화자 Speaker
논리적 말하기를 수행하는 사람.

AUDIENCE 청중 분석을 위한 8가지 질문
청중 분석을 위한 8가지 질문을 표현하는 8가지 영어 단어의 두문자어. 첫째, 'Analysis' 즉, 전체 분석의 최종 목적인 "그들은 누구인가?"라는 질문. 둘째, 'Understanding' 즉, "그들이 이슈를 얼마나 잘 이해하고 있나?"라는 질문. 셋째, 'Demographics' 즉, "그들의 나이, 성, 교육 등은 어떠한가?"라는 질문. 넷째, 'Interest' 즉, "그들은 왜 발표에 관심이 있나?"라는 질문. 다섯째, 'Environment' 즉, "어디에서 발표를 할 것인가?"라는 질문. 여섯째, 'Need' 즉, "그들이 발표를 들어야 할 필요는 무엇인가?"라는 질문. 일곱째, 'Customization' 즉, "발표가 그들의 관심/필요에 맞추어져 있나?"라는 질문. 여덟째, 'Expectation' 즉, "그들은 발표에서 무엇을 기대하나?"라는 질문.

PREP 구조 The PREP Framework

논리적 말하기의 형식과 본질을 문단 차원으로 단순화한 것. 먼저, 'Point' 즉, 논리적 말하기를 통해 전달하고자 하는 자신의 논지를 제시함. 다음으로, 'Reason' 즉, 논지를 뒷받침하는 소주제를 제시함. 이에 더해, 'Example' 즉, 소주제를 뒷받침하는 근거의 한 유형인 예시를 제시함. 끝으로, 'Point' 즉, 논지를 다시 제시함. '이슈와 Point' 간의 관계는 연관성 평가를 그리고 'Point, Reason, Example' 간의 관계는 논증성 평가를 각각 통과해야 함.

STP 전략 The STP Strategy

'Segmentation, Targeting, Positioning'의 두문자어로서 마케팅의 본질을 표현하는 용어 중 하나. 시장을 작은 그룹으로 세분화하고, 세분화된 그룹 중에서 최종 타겟 대상을 선택하고, 그들을 대상으로 기업의 상품과 서비스를 어떻게 제공할지를 결정하는 과정.

참고 문헌

· 고경민 & 정법진, "원자력의 경제성: 쟁점 검토와 해결 과제", 에너지경제연구 제11권 제2호 (2012년 9월 2일).
· 국립국어원 표준국어대사전.
· 국회예산정책처, "발전원가 기준 에너지 효율성 분석" (2021).
· 나기용, "2030년 3대 원전수출 강국으로", 나라경제 (2010년 2월), available at eiec. kdi.re.kr/publish/naraMain.do, accessed November 2023.
· 니콜로 마키아벨리, 『군주론』, 김운찬 역 (현대지성, 2021).
· 네이버 두산백과.
· 마르쿠스 툴리우스 키케로, 『설득의 정치』, 김남우 역 (민음사, 2015).
· "시버트", 위키백과, ko.wikipedia.org/wiki/시버트, accessed November 2023.
· 아리스토텔레스, 『아리스토텔레스의 수사학』, 박문재 역 (현대지성, 2020).
· 우리금융경영연구소, "국내 원전산업의 수출경쟁력 분석과 시사점" (2023년 3월 20일).
· 이상혁, 『영어 프레젠테이션 절대 공식』 (길벗이지톡, 2023).
· 이상혁, 『Dr. LEE의 논리적 글쓰기』 (연암사, 2023).
· 이상혁, 『Dr. LEE의 똑똑영어: 똑바로 이해하고 똑바로 실천하는 영어 공부』 (연암사, 2021).
· 이상혁, 『Dr. LEE의 오류와 편향을 넘어선 논증』 (연암사, 2021).
· 장원석, "[팩트체크] 지진으로 원전 폭발? … 영화 '판도라'가 말해주지 않은 것들", 중앙일보 (2017년 11월 20일), www.joongang. co.kr/article/22129486#home, accessed November 2023.
· 정철운, "절망의 후쿠시마 사고, 사산율·유아사망률까지 급증", 미디어오늘 (2017년 1월 18일), available at www.mediatoday.co.kr/news/articleView.html?idxno=134649, accessed November 2023.
· "파스칼", 위키백과, ko.wikipedia.org/wiki/파스칼_(단위), accessed November 2023.
· "판도라", 위키백과, available at ko.wikipedia.org/wiki/판도라_(2016년_영화), accessed November 2023.
· "판도라(영화)", 나무위키, available at namu. wiki/w/판도라(영화), accessed November 2023.
· 한국사회복지연구원, "사회복지기관의 투명성이 기부행동에 미치는 영향에 관한 연구", 보건복지과학연구제도 사업총괄보고서, 제12-1호 (2012).
· 한국원자력연구원, "안전이야기", available at www.kaeri.re.kr/env/board?menuld=MENU00460&siteld=null, accessed November 2023.
· "후쿠시마 원전: 일본, 근로자 사망 원인 방사선 피폭 인정", BBC 코리아 (2018년 9월 6일), available at www.bbc.com/korean/international-45429843, accessed November 2023.
· Adam Smith, *An Inquiry into the Nature and Causes of the Wealth of Nations*, originally published in 1776 (CreaeSpace Independent Publishing Platform, 2016).
· Alex Osborn, *Your Creative Power: How to Use Imagination* (Dell Publishing Company, 1948).

· Allison Shapira, "Breathing Is the Key to Persuasive Public Speaking", *Harvard Business Review* (30 June 2015), available at hbr.org/2015/06/breathing-is-the-key-to-persuasive-public-speaking, accessed November 2023.
· Aristotle, *Rhetoric* (350 B.C.E), translated by W. Rhys Roberts (Dover Publications, 2012).
· Barbara Minto, *The Pyramid Principle: Logic in Writing and Thinking* (Minto International Inc. 1987).
· "Bastiat's Famous Candlestick Makers' Petition", available at bastiat.org/en/petition.html,accessed November 2023.
· Brian Walker and Matt Smith, "Video Shows Tsunami Crashing into Fukushima Nuclear Site", *CNN* (10 April 2011, available at edition.cnn.com/2011/WORLD/asiapcf/04/09/japan.nuclear.reactors/index.html, accessed November 2023.
· Cambridge Dictionary.
· Dale Carnegie, *The Quick and Easy Way to Effective Speaking* (1962).
· David Ricardo, *Principles of Political Economy and Taxation*, originally published in 1817 (Mineola, 2004).
· Earth Data, "Korean Peninsula at Night", *Worldview Image of the Week* (19 January 2021), available at www.earthdata.nasa.gov/worldview/worldview-image-archive/korean-peninsula-at-night, accessed November 2023.
· Elizabeth A. Phelps and *et al*., "Emotion and Decision Making: Multiple Modulatory Neural Circuits", *Annual Review of Neuroscience*, Vol. 37 (2014).
· "Emissions Avoided by U.S. Nuclear Industry", *Nuclear Energy Institute* (2022), available at www.nei.org/resources/statistics/old/emissions-avoided-by-us-nuclear-industry, accessed November 2023.
· Erik Gartzke, "The Capitalist Peace", *American Journal of Political Science*, Vol. 51, No. 1 (January 2007).
· Friedrich List, *The National System of Political Economy*, originally published in German in 1841 and translated into English by Sampson S. Llyod, MP (CreateSpace Independent Publishing Platform, 2017).
· "Global Mortality Rate of Electricity Production 2021, by Source", *Statista Research Department* (9 March 2023), available at www.statista.com/statistics/1324252/global-mortality-from-electricity-production/, accessed November 2023.
· Gregory Mankiw, *Principles of Economics* (Cengage Learning, 2016).
· Ha-Joon Chang, *Bad Samaritans: The Myth of Free Trade and the Secret History of Capitalism* (Bloomsbury Publishing, 2009).
· Ha-Joon Chang, *Kicking Away the*

Ladder: Development Strategy in Historical Perspective (Anthem Press, 2002).

· Herbert H. Bell, *Impromptu Speaking: A Survival Guide* (1982).

· IAEA, "Fukushima Daiichi Nuclear Accident", available at www.iaea.org/topics/response/fukushima-daiichi-nuclear-accident, accessed November 2023.

· Intergovernmental Panel on Climate Change, "Climate Change: The IPCC Scientific Assessment" (1990), available at archive.ipcc.ch/publications_and_data/publications_ipcc_first_assessment_1990_wg1.shtml, accessed November 2023.

· Intergovernmental Panel on Climate Change, "Climate Change 2022: Impacts, Adaptation and Vulnerability" (2022), available at www.ipcc.ch/report/ar6/wg2/, accessed November 2023.

· International Energy Agency, "World Energy Outlook 2022" (2022), available at www.iea.org/reports/world-energy-outlook-2022, accessed November 2023.

· Jagdish Bhagwati, *In Defense of Globalization: With a New Afterward* (Oxford University Press, 2007).

· Jeffrey D. Sachs and Andrew M. Warner, "Economic Reform and the Process of Global Integration", *Brookings Papers on Economic Activity*, No. 1 (1995).

· Jennifer S. Lerner and *et al.*, "Emotion and Decision Making", *Annual Review of Psychology*, Vol. 66 (2015).

· Jeremy Bentham, *An Introduction to the Principles of Morals and Legislation* (Oxford University Press, 1823).

· John Maynard Keynes, *The General Theory of Employment, Interest and Money*, originally published in 1936 (BN Publishing, 2008).

· Joseph E. Stiglitz, *Making Globalization Work* (W. W. Norton & Company, 2006).

· Kristina Lundholm Fors, "Pauses Can Make or Break a Conversation", University of Gothenburg (7 September 2015), available at www.gu.se/en/news/pauses-can-make-or-break-a-conversation, accessed November 2023.

· Lisa Richwine, "Hello Kitty, Iconic Character with Mouthless Face, Turns 40", *Reuters* (November 2014).

· Marc Bekoff, "Pain and Animal Consciousness", *Animal Sentience* (2016).

· Marcus Tullius Cicero, *On the Ideal Orator* (350 B.C.E), translated by James M. May and Jacob Wisse (Oxford University Press, 2001).

· Masaki Kondo, "Why Is Hello Kitty Still Popular?", *BBC News* (June 2019).

· Michael Angelo Caruso, "The Power of Silence: Why Shutting Up is Good for You", *TEDx Talks*, available at www.youtube.com/watch?v=h_GLrIUA0q4, accessed November 2023.

· Michael H. Albert, *PARECON: Life After Capitalism* (Verso, 2004).

· Minah Jung and Nara Youn, "Charitable Donations: The Influence of Social Trust on Generosity", *Journal of Consumer Psychology*, Vol. 18(3) (2008).

· Neal Gittleman, "The Power of Silence", *TEDx Talks*, available at www.youtube.com/watch?v=ec9GyxEUGec, accessed November 2023.

· Niccolo Machiavelli, *The Prince*, originally published in Italian in 1532 & translated into English by W. K. Marriott, 1st Edition (Scotts Valley, CA: CreateSpace Independent Publishing Platform, 2017).

· Nuclear Energy Institute, "Nuclear Fuel", available at www.nei.org/fundamentals/nuclear-fuel, accessed November 2023.

· Oxford Learner's Dictionary.

· Patrick Barry, *Good with Words: Speaking and Presenting* (Michigan Publishing Services, 2021).

· Peter Singer, *Animal Liberation* (Ecco Press, 2001).

· Peter Singer, *Animal Liberation Now: The Definitive Classic Renewed* (Harper, 2023).

· Peter Singer, *Ethics into Action: Learning from a Tube of Toothpaste* (Rowman & Littlefield Publishers, 2019).

· Peter Singer, *Practical Ethics* (Cambridge University Press, 2011).

· Philip Kotler and *et al.*, *Principles of Marketing: A Global Perspective* (Pearson, 2009).

· "President Johnson's First Speech in 1963", available at www.youtube.com/watch?v=FhaiWKoLRv8, accessed November 2023.

· "Puss in Boots Scene", *Shrek 2* (2004), available at www.youtube.com/watch?v=vaJ2yQC_ktY, accessed November 2023.

· Roger Fisher and Daniel Shapiro, *Beyond Reason: Using Emotions as You Negotiate* (Penguin Books, 2005).

· Sunil P. Dhoubhadel and *et al.*, "Livestock Demand, Global Land Use Changes, and Induced Greenhouse Gas Emissions", *Journal of Environmental Protection*, Vol. 7 No. 7 (6 June 2016), available at www.scirp.org/(S(vtj3fa45qm1ean45vvffcz55))/reference/ReferencesPapers.aspx?ReferenceID=1774633, accessed November 2023.

· Statista, "Number of Death Per Terawatt-hour of Electricity Produced Worldwide 2021, by Energy Source" (2023), available at www.statista.com/statistics/1324252/global-mortality-from-electricity-production/, accessed November 2023.

· UNSCEAR, "UNSCEAR 2008 Report Volume II: Effects of Ionizing Radiation" (2008), available at www.unscear.org/unscear/en/publications/2008_2.html, accessed November 2023.

· US Energy Information Administration, "Levelized Costs of New Generation Resources", *Annual Energy Outlook 2022* (March 2022), available at www.eia.gov/outlooks/aeo/, accessed November 2023.
· The US National Research Council, *Recognition and Alleviation of Pain in Laboratory Animals* (2009), available at www.ncbi.nlm.nih.gov/books/NBK32658/, accessed November 2023.
· Thomas L. Friedman, *The Lexus and the Olive Tree: Understanding Globalization*, Updated and Expended Edition (Random House, 2000).
· Thomas Piketty, *Capital in the Twenty-First Century* (Harvard University, 2013).
· Woodrow Wilson, "Fourteen Points" (8 January 1918), available at www.britannica.com/event/Fourteen-Points, accessed November 2023.
· World Health Organization, "Global Report on Fukushima Nuclear Accident Details Health Risks" (28 February 2013), available at www.who.int/news/item/28-02-2013-global-report-on-fukushima-nuclear-accident-details-health-risks, accessed November 2023.
· World Information Service on Energy, "What's Wrong with Nuclear Power", available at wiseinternational.org/nuclear-energy/whats-wrong-nuclear-power?gclid=CjwKCAjw-b-kBhB-EiwA4fvKrDfkPyL8LkEPsG_m4gx1IdErxz XoXhU5FRbR4iPJL8dpqAPNLhIhXRoC_-IQAvD_BwE, accessed November 2023.
· World Nuclear Association, "Chernobyl Accident 1986", available at world-nuclear.org/information-library/safety-and-security/safety-of-plants/chernobyl-accident.aspx, accessed November 2023.
· "2016년 경주 지진", 위키백과, available at ko.wikipedia.org/wiki/2016년_경주_지진, accessed November 2023.
· "3 Benefits of Nuclear Energy: How Clean Is Nuclear Power", *enCore energy* (29 March 2022), available at encoreuranium.com/benefits-of-nuclear/benefits-of-nuclear-energy/, accessed November 2023.
· "5 Reasons to Use Visual Aids for Speeches and Presentations", *Microsoft 365 Life Hacks* (27 July 2021), available at www.microsoft.com/en-us/microsoft-365-life-hacks/presentations/five-reasons-to-use-visual-aids-for-speeches-and-presentations, accessed November 2023.

Dr. LEE의
논리적 말하기 : 발표와 토론

초판 1쇄 인쇄 2023년 12월 20일
초판 1쇄 발행 2023년 12월 27일

지은이 이상혁
교 정 설혜원
발행인 권윤삼
발행처 (주)연암사

등록번호 제2002-000484호
주 소 서울시 마포구 월드컵로165-4
전 화 02-3142-7594
팩 스 02-3142-9784

I S B N   979-11-5558-117-9   (03320)

값은 뒤표지에 있습니다. 잘못된 책은 바꿔드립니다.

연암사의 책은 독자가 만듭니다. 독자 여러분들의 소중한 의견을 기다립니다.
트위터 @yeonamsa
이메일 yeonamsa@gmail.com